素心若雪　壮志如山
——纪念高元贵院长

《素心若雪 壮志如山
　——纪念高元贵院长》编委会　编

中国地质大学出版社
ZHONGGUO DIZHI DAXUE CHUBANSHE

图书在版编目(CIP)数据

素心若雪 壮志如山:纪念高元贵院长/《素心若雪 壮志如山——纪念高元贵院长》编委会编.—武汉:中国地质大学出版社,2022.12

ISBN 978-7-5625-5477-6

Ⅰ.①素… Ⅱ.①素… Ⅲ.①高元贵-纪念文集 Ⅳ.①K825.46-53

中国版本图书馆 CIP 数据核字(2022)第 256707 号

素心若雪 壮志如山 ——纪念高元贵院长	《素心若雪 壮志如山——纪念高元贵院长》编委会 编
责任编辑:郑济飞	策划编辑:江广长 毕克成 段 勇　　　　责任校对:何澍语
出版发行:中国地质大学出版社(武汉市洪山区鲁磨路388号)	邮编:430074
电　　话:(027)67883511　　传　　真:(027)67883580	E-mail:cbb@cug.edu.cn
经　　销:全国新华书店	http://cugp.cug.edu.cn
开本:787毫米×1092毫米　1/16	字数:364千字　　印张:18.25
版次:2022年12月第1版	印次:2022年12月第1次印刷
印刷:武汉市籍缘印刷厂	
ISBN 978-7-5625-5477-6	定价:128.00元

如有印装质量问题请与印刷厂联系调换

《素心若雪 壮志如山——纪念高元贵院长》编委会

主　　　编：张锦高

副　主　编：王林清　储祖旺　傅安洲　侯志军

执行副主编：盛宏模　王宗廷　吴胜雄　蔡楚元

　　　　　　李门楼　刘国华　帅　斌　刘　翔

委　　　员：（以姓氏笔画为序）

　　　　　　王新钢　邓云涛　叶　青　齐世学

　　　　　　吴堂高　陈华荣　张志毅　张信军

　　　　　　周火平　胡　肖　柯佑祥　屠傲凌

　　　　　　彭　杰　曾佐勋

序

　　落其实者思其树，饮其流者怀其源。2023年，是地大人景仰的老院长——高元贵同志逝世30周年。2022年11月8日，作为学校70周年校庆系列活动的重要组成部分，学校举办了学习高元贵院长教育思想座谈会，师生共聚一堂，在对先贤的深切缅怀中接受了一次精神洗礼，收获了砥砺前行的力量。

　　纪念高院长的活动得到了大批离退休老同志的支持，这是纪念文集得以出版的主要原因。该书共收录征文45篇、诗词31首（篇），除少数档案、校史、高等教育等方面的专业人员之外，作者大多是学校耄耋之年的老领导、老教师、老职工和老校友。他们以饱含深情的讲述、情感真挚的描写，追忆与高院长相识相处的点滴，细数在他领导下学院发展的辉煌成就。老同志回忆高院长亲民的领导作风，他与受错误批判的老教授促膝谈心，关心青年教师的成长，和普通学生交流思想、答疑解惑，甚至为生病的环卫工人送去慰问品，被全校师生亲昵地称为"高老夫子"。回忆他充分尊重知识分子，力荐马杏垣、袁见齐、池际尚等知名教授出任学校管理职务，让学术大师参与治校理政。回忆他顾全大局，领导全校师生艰难选址、举校南迁、扎根武汉、重建校园的

担当作为，亲自为千余名师生争取南迁火车专列，为学校顺利迁汉殚精竭虑、呕心沥血……一件件小事、一个个细节，生动鲜活地描绘出高院长的伟岸形象。有老同志忆起，1992年地大建校40周年校庆时，84岁高龄的高院长出现在主席台上，台下热烈的掌声足足响了5分钟之久。此情此景，读来依然令人动容。

　　高院长是忠于党的教育事业的典范。通过学习总结老同志的文章，我们加深了对高院长的认识。他是一位杰出的政治家。作为院长，他组织教师学习政治理论、哲学思想和观点方法，引导教师以马列主义、毛泽东思想为指导开展专业学科建设和教学科研工作。每年亲自给毕业年级的学生上哲学课，教育学生做真正的唯物主义者，学习专业知识、服务祖国建设。他有着坚定的信念和坚强的意志。不计较一时一事的不公待遇，在大风大浪面前从未丧失对革命前途的理想信念，坚信错误的事一定会停止，错误的行为一定会被纠正；旗帜鲜明地执行中央决定和上级指示，以科学的部署和细致的思政工作来化解群众思想矛盾，以人性化的措施消除大家的不解，担当作为，实事求是。他是一位优秀的教育家。他坚持学校工作以教学为中心，重视基础理论、基本知识、基本技能的"三基"训练，深入教学一线，重视实习实践，鼓励所有教师编教材、搞教学，对学生进行革命传统教育和艰苦奋斗教育。他还十分重视体育教育和文化艺术工作，倡导学生全面健康发展，倡导学校体育文娱工作结合地质学科优势办出特色。这些教育理念与党中央赋予大学"立德树人"根本任务

是完全融合的。他是一位真正的实干家。他身体力行地推动学校定址武汉、整体南迁,在踏勘选址工作中付出了艰辛努力,不计个人得失,只为给学校争取更为广阔的发展空间。他尊重办学规律,尊重学者与学术,尊重集体意见,在脚踏实地履行自身职责的同时,使学校党委、行政、学术委员会、工会教代会等不同治理主体充分发挥各自的作用,形成科学的治理体系,保障学校事业健康稳定地向前发展。

追思先贤,传承风骨。高元贵院长的人格魅力、道德品质和教育思想,是学校改革发展的宝贵精神财富,给今天的地大人以清醒启示:一是领导干部要提升理论修养。习近平总书记指出,理论修养是领导干部综合素质的核心,理论上的成熟是政治上成熟的基础,政治上的坚定源于理论上的清醒。"马不伏枥,不可以趋道;士不素养,不可以重国。"在百年未有之大变局中,党中央要求高校书记、校长成为政治家、教育家,要求加强党对高校的全面领导,要求学校党委不断提升领导力。我们要理直气壮地讲政治理论、讲矛盾论、讲实践论、讲哲学,要有进一步提升自身理论修养的自觉,进一步增强政治判断力、政治领悟力、政治执行力。二是治理学校要尊重办学规律。要秉持强烈的事业心和责任感,爱岗敬业,实事求是,将个人名利置之度外,始终忠于党的教育事业,努力为党育人、为国育才,为加快推进教育现代化、建设教育强国而不懈奋斗。三是要改进作风,真正深入到师生当中,深入到基层一线,切实了解自身工作的基础,认真倾听群众的心声,尽力解除师生的后顾之忧,为师生创造更好的学习、生活和工作条件。

  中国地质大学 70 余载办学治校史，正是以高元贵为代表的老一辈地大人，务实笃行，鞠躬尽瘁，一步一个脚印地推动学校勇攀高峰，书写出新中国高等教育发展史上辉煌壮丽的篇章。藉此纪念文集的出版，我们回望过往，重温先辈事迹，敬仰先辈品格，在着力建设地球科学领域世界一流大学的伟大征程上，坚定历史自信和文化自信，增强办学主动，为新时代中国特色社会主义教育强国建设贡献地大力量。

  再次致敬高院长，致敬为纪念高院长活动与文集创编出版工作不辞辛劳的老同志，致敬每一位朴实、坚毅、奋进的地大人！

  纸短情长，赓续为念，以此序记。

黄晓玫

2022 年 12 月

饮水思源凝聚奋进力量——中国地质大学（武汉）举行学习高元贵院长教育思想座谈会

2022年11月8日，学习高元贵院长教育思想座谈会以线上线下结合的方式举行。学校老领导和老同志赵鹏大、张锦高、杨巍然、赵克让、姚书振、丁振国、傅安洲、范永香、邵锡昌、叶德隆、盛宏模、陈安民、洪昌松、马振东、刘庆生，校党委书记黄晓玫，副校长赖旭龙，党委副书记王林清，党委常委、党委宣传部部长储祖旺，相关学院、管理与服务机构负责人、师生代表等参加会议（图1～图3）。

图1 学习高院长教育思想座谈会现场

高元贵是鲁西抗日英雄，是"一二·九"学生运动的主要领导人之一，他以英勇斗争、无畏向前的胆识与魄力，彰显了"爱国就要救国"的家国情怀和实干精神。新中国成立后，他以勤政务实的作风，为新中

图 2　中国地质大学（武汉）党委副书记王林清主持会议

图 3　中国地质大学（武汉）副校长赖旭龙介绍高院长的基本情况

国早期经济建设作出积极的贡献。1958年，高元贵调任北京地质勘探学院院长兼党委第一书记，开启了主政地大的18年。他特别重视教学，坚持学校工作要以教学为中心，强调基础理论、基本知识、基本技能的"三基"训练，深入教学一线，抓好课堂教学环节。他认为地质学的最大实验室就在野外，特别重视教学实习和生产实习。在周口店实习站，高元贵每天和学生一起爬山观察地质现象，听老师讲解，晚上在灯下讨论研究。在高元贵带领下，学校掀起了认真抓教学的好风尚，整体教学质量有了显著提高。高元贵强调学生要全面发展，对学生进行革命传统教育和艰苦奋斗教育，号召学生们"把自己锻炼成有社会主义觉悟、有文化的劳动者"。他十分重视体育工作,鼓励体育教师结合地质专业特点,办出特色,使学生具有健康体魄,有为祖国健康工作的本钱。学校里群众性体育活动蓬勃开展,登山、攀岩成为学校特色,还向国家输送了一批又红又专的优秀运动员。他不考虑个人得失,不计较"文化大革命"初期的不公正遭遇,从党和国家的利益出发,从有利于学校的发展出发,毅然重新挑起领导学校南迁建校的重担,掀开了南迁办学的新篇章。作为教育家,高元贵用自己的行动为全院师生树立了榜样。在工作中,他关心师生员工的利益,敢于坚持原则、实事求是。在生活上,他艰苦朴素、克己奉公。高元贵始终忠诚党的教育事业,兢兢业业、百折不挠、心无旁骛地守护着地大根脉。他在学校经历的每一个困难面前,每一个关键时刻,都始终坚守目标、锲而不舍进行探索,创造了我校在北京地质学院时期的辉煌;在学校南迁时期,他肩担道义、实事求是,在坚决执行上级决定的同时,紧紧依靠和团结带领全校广大教职工,奉命南迁,攻坚克难,定址武汉,尽心竭力地确保学校弦歌不断,血脉相传。

中国地质大学原校长、中国科学院院士赵鹏大线上发言(图4)。他从高元贵以马列主义、毛泽东思想引领专业学科建设发展和教学科

图4 中国地质大学原校长、中国科学院院士赵鹏大线上发言

研工作,采取因材施教、循序渐进的方法关心教育学生,"不以外行领导内行",虚心学习地质类专业知识,在大风大浪中胜似闲庭信步,从不丧失对革命前途的信念,为学校南迁定址武汉立下汗马功劳等方面,深情地回忆了高院长的办学理念和人格魅力。

杨巍然教授、陈安民教授、刘庆生教授回顾了与高院长相处中难忘的点滴(图5～图7)。高院长在学校广泛开展哲学教育,将哲学与地质学学习结合起来,重视大学文化艺术体育建设;狠抓教书育人、狠抓教材建设,结合中国地质工作的特点和实际需要进行教学改革;平易近人,亲切关爱教职员工,在生活中朴素节约;倡导思想独立、教授治学、学术自由的理念,发挥教授在学术研究中的重要作用,激发他们的创造力,培养高质量的国家经济建设和社会发展所需的人才。

图5　杨巍然教授线上发言

图6　陈安民教授发言

图7　刘庆生教授发言

教育研究院院长柯佑祥阐述了高院长坚持教育与社会相适应,满足国家需求;根据单科性院校定位,围绕地质办特色大学;提倡教学科研共同发展;以教学改革为核心,提高人才培养质量;尊重人才,重视教师队伍建设;"五育"并举、知行结合的教育思想(图8)。

图书档案与文博部党委书记帅斌从高元贵院长的讲话报告、总结文章、相关史料等方面,分享了关于高院长的史料研究综述情况(图9)。

图8　教育研究院院长柯佑祥发言　　　图9　图书档案与文博部党委书记帅斌发言

在交流环节,中国地质大学(武汉)原校长张锦高等与会人员从亲身经历或师生口口相传的事迹中(图10),回顾了高院长的生平事迹,深入探究了高院长的教育思想,深刻展现了高院长的人格魅力。

图10　中国地质大学(武汉)原校长张锦高和马振东、盛宏模、洪昌松教授发言

王林清表示，将来学校要出版纪念高院长的图书，通过缅怀先辈、传承精神，坚定历史自信，增强办学主动，为新时代中国特色社会主义贡献地大力量，谱写华章。

黄晓玫表示，高院长是忠诚党的教育事业的典范（图 11）。在学校建校 70 周年之际，学习高院长教育思想，让我们在赓续血脉中得到一次精神的洗礼。他的思想品质和教育思想，是学校改革发展的宝贵精神财富。当前，要立足"两个大局"，领导干部要像高院长一样，加强政治理论学习，提升自身理论修养；要遵循办学规律，要爱岗敬业，把个人名利置之度外，忠诚于党的教育事业；要改进作风，深入到师生中，深入到基层，为师生创造好的学习和工作条件。学校要认真挖掘总结研究学习高院长的教育思想，为早日建成地球科学领域世界一流大学作出贡献。

图 11　中国地质大学（武汉）党委书记黄晓玫发言

文章来源：中国地质大学（武汉）新闻网

文图：高雅

目录

第一篇　勇于开拓铸辉煌

值得地大人永远怀念的老院长高元贵……………………………………………………帅斌　刘欣　李玉平　王雪雪(2)
大学校长楷模——我们敬爱的高元贵院长……………刘庆生(20)
立德树人，院长楷模……………………………………胡轩魁(41)
杰出的地质教育家——回忆高元贵院长片段…………叶德隆(52)

第二篇　教坛耕耘育英才

老院长高元贵高等教育思想及办学实践………余桂红　刘秀红(60)
缅怀敬佩的高元贵院长…………………………………王亨君(77)
往事如昨　历久难忘——怀念敬爱的高院长…………胡昌铭(84)
教育改革的先行者——忆高元贵院长…………………孙正烈(87)
怀念高元贵——党的优秀干部、知名教育家…………贾振远(90)
我心中的高元贵院长——从两张老照片的故事想起……陈晦鸣(92)

老院长高元贵重视基础课教学和科学研究 …………… 王仁铎(97)
深切怀念高元贵院长 ………………………………… 陈发景(101)
我和高元贵院长在工作接触中发生的几段往事 ……… 王觉生(104)
高元贵院长的教育思想深深地浸润了我 ……………… 傅昭仁(111)
关于高元贵老院长的一点回忆 ………………………… 陈崇希(114)
锐意改革的地质教育家——回忆高元贵院长 ………… 李东旭(117)
忆教改 ………………………………………………… 彭文能(122)
高元贵院长是教育工作的一面光辉旗帜 ……………… 万天丰(124)
羽翼下的成长——忆高元贵院长 ……………………… 张相平(128)
我们心目中的高元贵院长 ……………… 杨巍然　郭铁鹰(138)
我最敬佩的大学校长高元贵 ……… 姚俊安口述　盛宏模整理(145)
高元贵院长的体育情怀 ………………………………… 胡燕生(150)
一名学子对高元贵院长的回忆 …… 洪昌松口述　郑贵洲整理(158)
高元贵院长关于教学与科研的见解 …………………… 王顺金(161)
高元贵院长和政治教研室 ……………………………… 凌敬昇(163)
我的大学五年——怀念高元贵院长 …………………… 马振东(167)

第三篇　铁肩担义护根脉

缅怀先贤　弘扬精神　砥砺奋进——在学习高元贵院长教育思想座
　谈会上的讲话 ………………………………………… 赵鹏大(176)
高元贵老院长的人格魅力 ……………………………… 盛宏模(180)
殚精竭虑　情注发展——怀念高元贵院长 …………… 孟高头(184)
缅怀"功垂教业，德励后人"的高元贵院长 …… 魏伴云　陈紫英(186)
高元贵院长是我们学习的榜样 ………………………… 冯肇全(189)
热爱师生的老院长——深切怀念高元贵同志 ………… 刘玉发(193)
我印象深处的高元贵院长 ……………………………… 范永香(197)

第四篇　关爱师生显真情

回忆老院长高元贵 …………………… 庄严口述　曾岩整理（202）

高风亮节，贵如珍宝——高元贵院长二三事 ……………………………

………………………………… 陈安民口述　王宗廷执笔（204）

记忆中高元贵院长的往事 ………………………… 辛建荣（209）

高元贵院长给我留下深刻记忆的几件往事 ………… 沈继方（212）

我与高元贵院长的两段往事 ……… 戴学恕口述　刘翔整理（215）

引力——难忘的回忆 ………………… 贾苓希　王学敏（218）

回忆高院长往事两则 ……………………………… 鄢泰宁（221）

我听高元贵院长讲孔子 …………………………… 葛亚非（226）

第一次见到高元贵院长 …………………………… 张明兰（228）

我们怀念您——高元贵院长 ……………………… 管新平（230）

贯彻《高教六十条》"北地"教学增新貌——高元贵院长殚思竭虑 爱心普照 ……………………………………………… 周汉明（233）

忆老院长高元贵的几件往事 ……………………… 李舜贤（246）

第五篇　诗词歌赋忆先贤

纪念高元贵院长逝世三十周年 …………………… 侯传东（250）

缅怀高元贵院长（诗词组） ……………… 大地行吟诗社（251）

高元贵赋 …………………………………………… 王思源（259）

高山仰止——怀念高元贵院长 …………………… 程关林（261）

怀念高元贵院长 …………………………………… 梁定益（263）

纪念高元贵院长诗词三首并序 …………………… 邢新田（265）

敬爱的高院长，向我们走来——纪念敬爱的高元贵院长逝世30周年（长篇叙事诗） ……………………………………… 胡昌铭（267）

后　记 …………………………………………………（273）

第一篇

勇于开拓铸辉煌

值得地大人永远怀念的老院长高元贵

帅斌　刘欣　李玉平　王雪雪

高元贵院长是中国地质大学主政学校时间较长、功勋卓著的一位院长，是备受地大人尊敬和公认的、享有崇高威望的卓越领导。自1958年，高院长调任北京地质学院院长兼党委第一书记，主政学校的18年，他积极推进教学改革；20世纪70年代，从党和国家利益出发，有利于学校发展出发，他毅然重新挑起领导学校的重担，始终忠诚党的教育事业，兢兢业业、百折不挠。高院长教育生涯主要有三大贡献：第一是带领学校开创了学校发展史上的第一个辉煌；第二是在学校外迁时期，主导学校定址武汉；第三是在南迁中保住了学校根脉，为学校后续快速发展奠定了良好基础。他是一个以实际行动将现代高等教育思想与中国大学实际相结合的典范，他以出色的现代大学治理理念与高超的领导艺术带领全校师生员工创新传承发展。他留给后人的，是一段共铸辉煌的历史、一位风雨兼程的师长形象、一段诲人不倦的校园佳话。

一、开创了学校发展史上的第一个辉煌

1958年，高元贵被任命为北京地质勘探学院（1957年1月—1958年10月）院长兼党委第一书记。以高元贵同志为第一书记的院党委，认真贯彻执行党的教育方针和知识分子政策，团结和依靠广大师生员工艰苦奋斗，带领北京地质学院（1958年12月—1970年9月）步入了办学史上的第一个辉煌时期。

（一）守正创新。尊重办学规律，理论联系实际，实事求是办好中国自己的地质教育，稳扎稳打进行教学改革

高元贵调任北京地质勘探学院院长兼党委第一书记后，谋划办学方略，力行大学自治、大师治校等方针，积极探索，大胆改革，领导全校师生学习苏联先进经验，结合中国实际，积极推动学校的专业设置、教学计划、教学大纲、教学方法等的深入改革。此外，他强调要加强学生的"三基"训练，提倡教学内容"少而精"，提倡"启发式"教学方法，提倡"因材施教"，组织教师自编一批地质专业课程教材。高元贵还十分重视学校科研工作，全面推进教学改革，展露出积极探索、大胆改革的气魄（图1）。

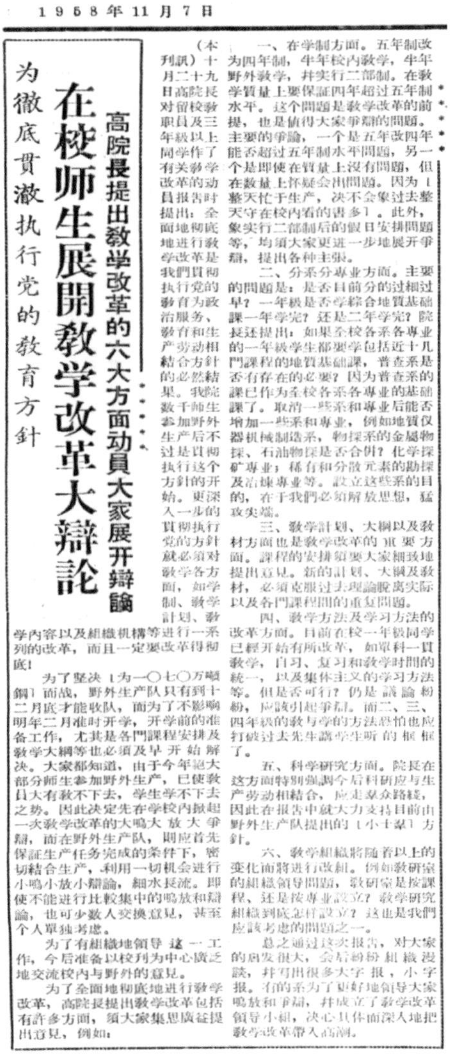

1958年10月29日，高元贵对留校教职员工及三年级以上同学作有关教学改革的动员报告。他在报告中提出："全面地、彻底地进行教学改革，是我们贯彻执行党的教育方针，是政治服务、教育和生产劳动相结合的必然结果……为

图1　1958年11月7日，校刊《北京地质勘探学院》刊登了"高院长提出教学改革的六大方面，动员大家展开辩论"的文章

了更深入地贯彻执行党的方针，就必须对教学各方面，如学制、教学计划、教学内容以及组织机构等进行一系列的改革，而且一定要改革

得彻底!"

1958年12月17日,《北京地质勘探学院》第301期第2版刊登了高元贵《关于教学改革问题向党委常委扩大会议的汇报》(图2),汇报主要涉及过去教学改革的简单情况、教学改革必须遵循的精神和原则,以及教学改革的初步方案。

图2　1958年12月17日,校刊《北京地质勘探学院》刊登了高元贵
《关于教学改革问题向党委常委扩大会议的汇报》

高元贵重视教学改革,他讲了一年级新开设的"综合地质基础"的第一节课——序论。这部教材的编写,既结合了野外生产实践经验,又吸取了干训班讲课理论经验,堪称党的教育方针结出的硕果。1959年1月8日,《北京地质勘探学院》第305期头版刊登了高元贵讲序论的报道。报道中指出:"在讲到学习这门课应有的态度和方法时,高院长强调指出,要想教好和学好,必须师生大合作,互相谅解,团结一致。

在教学上,教师要深入地走群众路线,及时发现同学们在学习上存在的问题,及时加以解决,而同学们也要做到有什么意见提什么意见,特别是遇到的困难更要及时反映。在学习上,同学们要发扬集体主义精神。创新集体主义的学习方法,并在互助组之间、班与班之间展开学习竞赛,看谁学得快,看谁学得好。"

1959年3月13日,北京地质学院院务委员会(以下简称院委会)正式成立。自此,党委领导下的院委会负责制在学校逐步确立。在院委会第一次会议上,高元贵谈到1958—1959年度下学期的教务工作计划(图3):一是要创造、试验新的教学方式和方法,充分发挥教师的主导作用;二是要发挥学生的积极性和创造性;三是要建立新的师生关系,以提高教学效果;四是要把理论联系实际的方针贯彻到各个教学环节中去。

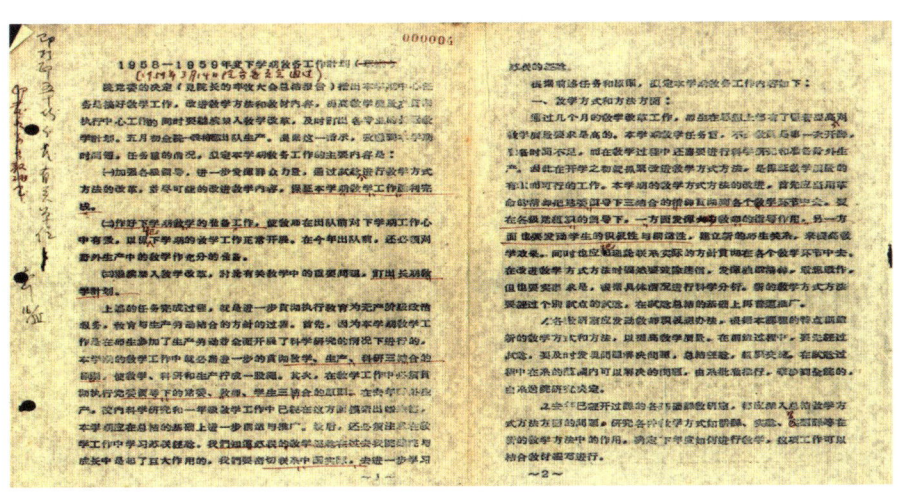

图3　1958—1959年度下学期教务工作计划

同时,他还强调基础课和技术基础课的教材编写工作应作为各教研室的重点工作,各系的综合课亦应在总结本学期教学效果的基础上进行改编,编写专业课教材应结合科研项目进行,对于生产实践较多的课程,如"矿床学""中国油田""中国区域地质"等,尤应投入更大的力量以保证质量。高元贵强调应贯彻教学、生产、科研三结合的原则;

贯彻执行党委领导下的党委、教师、学生三结合的原则；密切联系中国实际，进一步学习苏联的经验。

1961年的工作纲要中，高元贵又提出教学、科研、生产劳动、师资培养等教学改革的具体指示和要求（图4）。1963年行政工作计划纲要中，他则强调进一步稳定教学秩序、稳定教学质量是学校的工作重心，要继续加强基础理论、基本知识和基本技能的训练，加强对教学第一线的领导，认真贯彻"少而精"的原则、"因材施教"的原则，还要加强教学方法的研究。此外，在以教学为主的前提下，把科学研究提到更重要的地位上来，大力提高师资水平，提高学科教学和科研质量，开展大规模的深入的党内教育，做好党的建设工作，加强集体教育。在学院1963—1964年年度教学工作要点中，他进一步强调从实际出发，认真贯彻"少而精"的原则，在规定的时间内把最必需的知识与技能真正学到手，扎扎实实打好基础。1964年10月15日的党委会会议，再次讨论了教学改革、学生思想政治教育工作的问题。

图4　1961年工作纲要

从以上所述可以看出，高元贵不仅积极贯彻落实党中央关于教育工作的指示，更守正创新，实事求是，积极做好教学改革工作。在他的带领下，学校掀起了认真搞教学的好风尚，整体教学质量有了显著提高。1965年3月12日，《人民日报》第二版整版刊登了4篇关于北京地质学院教学改革经验的总结文章，充分肯定了学院的教学改革工作，在全国高等教育界产生了广泛而深远的影响（图5）。

图5　1965年3月12日，《人民日报》刊登北京地质学院教学改革的文章，充分肯定了学校的教学改革

（二）培基固本。组织教师学习哲学，提升领导干部的理论素养，重视学生的"德智体"全面发展

受过高等教育和长期从事革命工作的高元贵，极为重视学校领导干部的理论培养。他亲自组织老教师在自愿的原则下学习哲学，辅导

他们在教学科研中应用自然辩证法(图6)。学校校刊、党委常委会会议纪要中均有高元贵抓政治思想工作、学习毛泽东思想等的记载。引导师生掌握辩证思维,是他教育思想的重要组成部分,在我国高等教育界倡导加强思政教育的当下仍具有行为示范意义。

图6　高元贵辅导哲学小组的教授学习自然辩证法

"祖国和人民豪迈地称呼我们为'工业建设尖兵''建设时期的游击队',是对我们最高的奖赏和殷切的期望,我们为了珍惜和爱护这光荣的称号,要以冲天干劲、雄伟气魄去从事学习与劳动。"1958年8月23日《北京地质学院校刊》第277期刊登了高元贵欢迎新同学入校的报告。他号召学生"把自己锻炼成有社会主义觉悟、有文化的劳动者,做一名出色的地质勘探工作者,为祖国高速度建设社会主义建立功勋(图7)。"

高元贵十分重视将学生培养成为德智体全面发展的社会主义劳动者。他把德育放在学生教育的首位,强调学习系统的马克思主义基本理论,同时也重视革命传统教育和形势政策教育。体育方面,他鼓励体育教师结合地质专业特点,办出特色,为学生塑造健康体魄,学校里群众性体育活动蓬勃开展,登山、攀岩更成为特色项目。

1962年1月15日,《人民日报》刊登了北京地质学院师生立志当建设时期的游击队员的报道。师生学习革命前辈艰苦奋斗精神,养成勤俭朴素的优良学风的突出事迹,引起了强烈的社会反响(图8)。

图7　1958年8月23日,《北京地质学院校刊》刊登了高元贵欢迎新同学入校作的报告

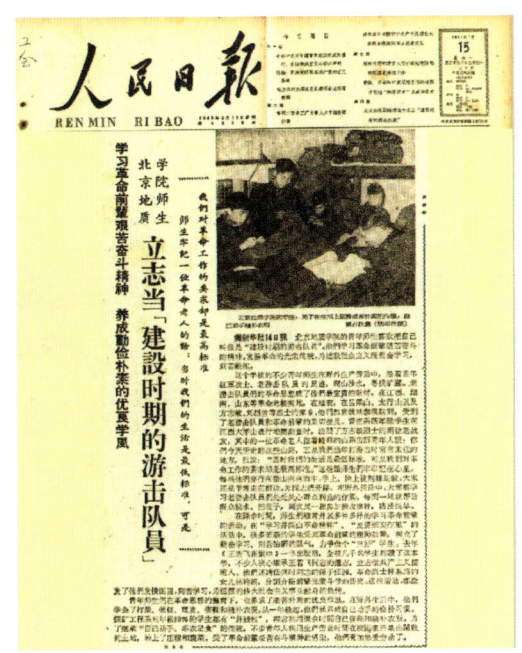

图8　1962年1月15日,《人民日报》刊登北京地质学院师生立志当建设时期的游击队员的报道

高元贵院长深入教学实践一线,多次亲自前往实习基地看望师生,教育工作细致入微。

1966年4月2日,《北京地质学院校刊》第424期刊登了地质系和水文系一年级同学下连当兵,高院长马副院长前去看望的报道。高院长在向同学们讲了当前国内外大好形势后,要求同学们在部队这个革命熔炉中,抓紧时间锻炼,好好向解放军同志学习,要学习解放军如何突出政治,要传承解放军的革命传统,具备高度的政治觉悟和浓厚的阶级感情。

北京地质学院全面发展,在党建、教学、科研生产和文化教育等方面均取得令人瞩目的成就。1960年2月,学院被评为北京市文教战线"红旗学院"(图9);1960年10月,学院跻身64所全国重点高等学校之列,是全国重点高等学校工科院校32所之一,也是当时唯一的地质类重点高等院校。

图9　1960年,北京地质学院被评为北京市文教战线"红旗学院"

高元贵以教学改革为核心,兼容并包,守正创新,重视教师队伍建设,倡导"五育"并举,知行结合,提升了广大教职工的思想素质和专业素养,推动了学校育人水平和科研发展再上新台阶,开创了学校历史上的第一个辉煌。

他不拘一格、各施其能的教学标准,让北京地质学院大师云集;他结合实际、实事求是的教学改革,让教学模式焕然一新。在高元贵的领导下,学校确立了刻苦钻研、实事求是、艰苦朴素、严肃活泼的校风,高元贵为学校可持续发展作出了杰出贡献。在这一时期形成和发扬的光荣传统和优良作风,培育形成的以坚定正确的政治方向和辩证思维为鲜明特色的思想路线,以尊重办学规律、实事求是的教学改革为主要内容的教育思想,成为学校代代传承的宝贵财富。直至今日,学校始终以育人为本,着力培养能够担当民族复兴大任、"品德高尚、基础厚实、专业精深、知行合一"的高素质人才;以提高办学质量为中心,推进"三融合"人才培养模式改革等一系列举措,都与高院长时期树立的育人理念一脉相承。

二、主导学校定址武汉

在学校南迁选址问题上,高元贵表现出了坚定的党性、无畏的胆魄。他既能严格按照党章办事,也能积极向上级乃至中央反映不同意见。能在学校风雨漂泊、教职员工辗转迁移时,妥善处理教职工意见,维持学校的稳定局面,并最终在武汉市定址建校,为学校的长远发展奠定了良好的基础。

"文化大革命"时期,北京地质学院的工作受到冲击。1968年5月3日,北京地质学院召开常委会扩大会议后,高元贵暂时离开领导岗位。又因中苏关系恶化,为战备疏散需要,1969年6月,地质部向中央请示,将学院迁离北京的报告获批。1969年下半年,学校按上级要求外迁,由此开始了一段辗转迁移的低潮时期。

1969年下半年起,学院大部分教职工迁到江西峡江的同时,选址小组先后前往陕、甘、豫、赣、湘、鄂六省进行实地勘察,初步选址湖南石门。后因了解到湖北江陵有地质部所属的闲置屋舍,且当地处于交通相对便利的平原地区,1970年9月,又将选址正式改为湖北江陵,更名为湖北地质学院。

截至1970年底,学院教职工1688人,其中549人抵达湖北江陵,231人到湖北丹江口"五七地质队",561人到江西峡江"五七干校",347人留守北京。与此同时,定址湖北江陵后,学院各项工作有所恢复。到1972年12月,为主持学校大局,湖北省委任命高元贵为湖北地质学院临时党委书记、革命委员会主任。他不考虑个人得失,从党和国家的利益出发,从有利于学校的发展出发,毅然重新挑起了领导学校南迁建校的重担。

高元贵上任后开始走访教职工,综合各方意见后,认为湖北江陵不适合办全国重点院校,要求重新选址。根据湖北省委提出的"除武汉市以外"的选址范围要求,1972年12月,高元贵带领选址小组在黄石、大冶、武昌、咸宁、蒲圻5个地区进行了考察,亲笔手写了"关于选择湖北地质学院校址情况的第一次报告"(图10)。1973年5月,国务院发文同意"湖北地质学院仍在湖北省范围内另选一个合适地址建校"。当年6月,选址小组再次考察了咸宁地区和孝感地区。1973年7—8月,高元贵又组织选址小组再次考察了孝感、蒲圻、咸宁、黄石地区。

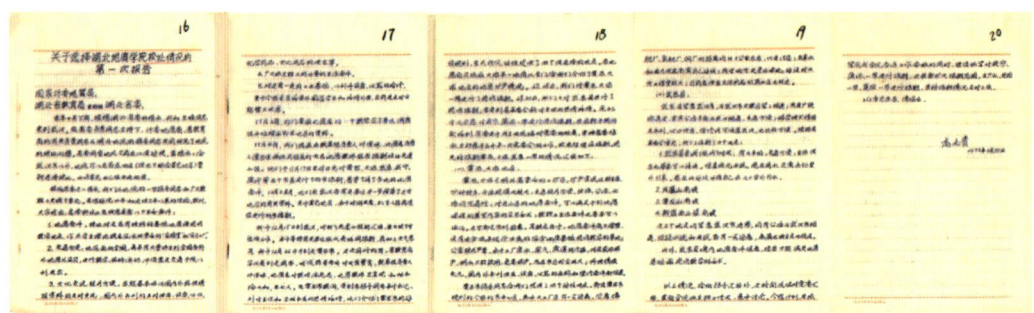

图10　高元贵手写的《关于选择湖北地质学院校址情况的第一次报告》

在对湖北省内多个地区半年多的考察,并进行全面分析后,选址小组上报湖北省革命委员会:"京广铁路沿线及鄂州、黄石等鄂东地区均不适宜建设和发展全国重点地质学院,希望湖北省能够同意湖北地质学院在武汉市选址建校"。在时任湖北省革命委员会副主任韩宁夫等领导的支持下,经过高元贵的多方奔走、据理力争,学校在武汉建校的诉求终于在1974年7月得到了正式批准,湖北省革命委员会下发《关于湖北地质学院定点建校问题的批复》,同意湖北地质学院在武汉市内选址建校。

在认真坚定地执行选址建校任务的同时,高元贵也从学校发展的长远大计出发,与临时党委委员联名写信请求周恩来总理关注学院迁校问题,并提出"边迁校、建校,边在北京原校址招生上课,尽快为国家培养地质干部"的建议。高元贵还将信件抄报给湖北省委、国务院科教组和国家计划委员会地质局,光明磊落地向各级组织阐明个人态度。

学院在武汉市内选址期间,高元贵因身体原因,不能亲自带队选址。1974年6月和9月,学校临时党委专门组建了由王焕任组长,徐新甫、朱见香任副组长的校址踏勘小组,先后两次在武汉市内开展选址踏勘调研。校址踏勘小组对武汉市内12个候选点逐一现场考察,并提出喻家湖西岸、鲁家巷西南、华中工学院西侧3处备选地点。1974年12月28日,学校更名为武汉地质学院。1975年4月,武汉市革命委员会城市建设委员会批复,武汉地质学院建校地址定在武昌喻家山和来旺山(今南望山)南麓、华中工学院以西,武汉邮电科学研究院以东、181工厂以北地区。

在学校必须外迁的情形下,高元贵带领学校党委成员一次次艰难寻找,一次次努力争取合适的办学校址,最终才得以定址南望山下、东湖之滨,扎根荆楚大地,实现恢复发展。放眼如今,学校所在地已成为武汉东湖国家自主创新示范区腹地,坐拥南望山和未来城两个校区,校园占地总面积达1 475 745平方米,校舍总面积达1 395 914平方米。从北京到武汉,历经动荡,正是在高元贵等老一辈地大人的奉献与坚持下,学校弦歌不辍、薪火相传,凭借优良的地理位置与较充裕的办学空间,一步步迈向更高的发展目标。

三、在南迁中保住学校根脉

学院定址武汉以后,如何迅速做好迁校建校工作,带动各项工作恢复开展,是摆在高元贵面前的首要任务。为此,高元贵多措并举、竭尽全力地落实学校整体南迁、落地武汉的中央决策,风雨之中守护了学校的根脉。在主导南迁的过程中,他一方面决策坚定、旗帜鲜明地执行中央决定,反复动员,周密安排;另一方面,他充分照顾教职工情绪，用人性化的部署策略来化解矛盾，把党中央的决定落实到位。

从诸多史料中都能看出，高元贵身上体现出强烈的事业心和责任感。他将个人的名声名利置之度外，真正地忠诚党的教育事业。这一艰苦卓绝的南迁历程，反映了高元贵坚定的党性、高贵的人格品质、务实的工作作风、扎实的群众基础和高超的工作艺术，表现了政治家的站位和教育家的情怀。

1974年11月9日，在学院临时党委第五次全体会议上，高元贵确定了迅速搬迁到武汉的方针，并作了《团结起来，坚定不移地执行国务院指示，迅速认真地做好迁校建校工作》的报告（图11），报告中强调："一定要坚决执行国务院的指示和省委的决定，在广大干部和群众中做好深入细致的思想工作，排除各种思想障碍，坚定在武汉市建校的决心，坚决迅速地做好迁校建校工作。为了更好地接受省委的领导，全力以赴做好迁校建校工作，党委决定立即迁至武汉办公……"

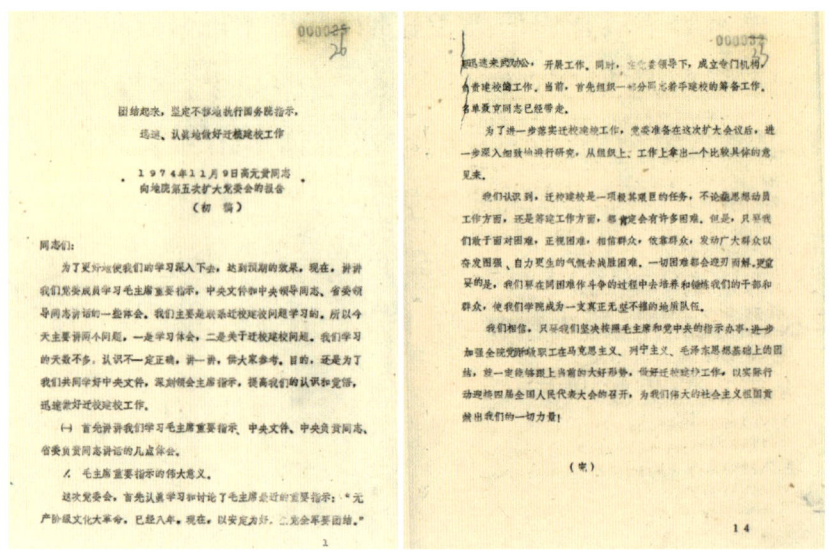

图11　1974年11月9日，高元贵在学院临时党委第五次扩大会上作的报告

1974年11月19日，高元贵在学院临时党委第五次扩大会议上作《以只争朝夕的革命精神，迅速认真地做好迁校建校工作》的总结报告（图12）。报告指出："一万年太久，只争朝夕，时间不等人，特别要抓紧

抓好七四年的一个半月和七五年第一季度的工作……会后,党委迅速到武汉一线办公,基建工作迅速上马,力争明年建两万平方米,三年左右建成基本规模,早日招生。"

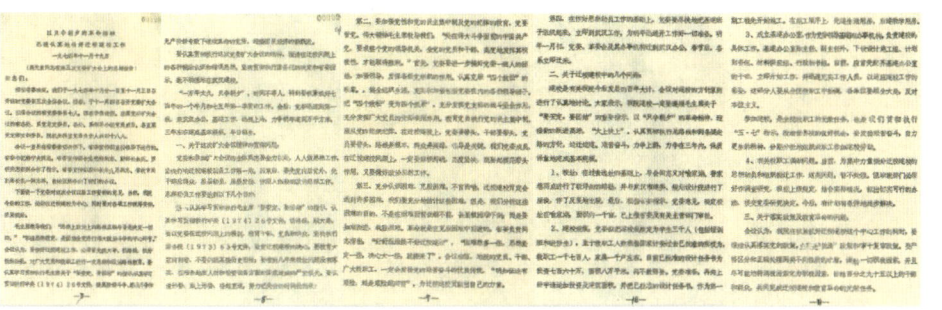

图12　1974年11月19日,高元贵在学院临时党委第五次扩大会上作的总结报告

为了更好地接受湖北省委领导,尽快完成南迁工作,1975年初,学院临时党委和院级领导机构迁至武汉办公,高元贵则亲自回京动员迁校(图13)。他在全院教职工大会上动情地说道:"我们许多干部是从战争中过来的,是在战场上拼过命的。现在仍然需要这种革命精神,用这种精神对待迁校,对待工作。在个人利益和党的利益发生矛盾的时候,应该无条件地服从党的利益,顾全大局,而决不能讨价还价。"

与此同时,在不影响迁校大局的情况下,学院临时党委从人性化角度出发,照顾部分特殊人群。1975年3月27日《工作报告第二号》文件决定部分人暂缓迁汉:照顾家庭做家属的工作的、有重病又有指定医院证明的,以及在京暂有任务的。

1975年6月,学院临时党委第七次会议制定了迁校建校为中心的工作方针和措施,进一步明确了迁校建校中要妥善解决的重点问题:一是要有领导有计划地全迁快迁;二是要从今后发展的百年大计看待建校;三是要对教学科研作出积极安排(图14)。

1975年8月,国家计委、教育部电令全体教职工于暑期全部返回武汉,并安排秋季对几个急需专业招进一部分新生(史称"八八"电

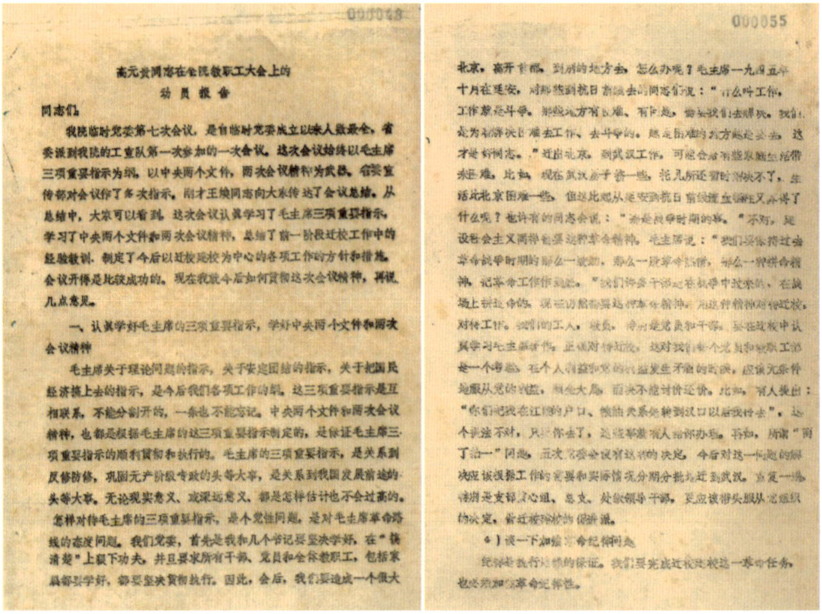
000048

高元贵同志在全院教职工大会上的

动员报告

同志们：

我院临时党委第七次会议，是自临时党委成立以来人数最全，省委派到我院的工宣队第一次参加的一次会议。这次会议始终以毛主席三项重要指示为纲，以中央两个文件，两次会议精神为武器。省委宣传部对会议作了多次指示。刚才王焕同志向大家传达了会议总结。从总结中，大家可以看到，这次会议认真学习了毛主席三项重要指示，学习了中央两个文件和两次会议精神，总结了前一阶段迁校工作中的经验教训，制定了今后以迁校建校为中心的各项工作的方针和措施。会议开得是比较成功的。现在我就今后如何贯彻这次会议精神，再说几点意见。

一、认真学好毛主席的三项重要指示，学好中央两个文件和两次会议精神

毛主席关于理论问题的指示，关于安定团结的指示，关于把国民经济搞上去的指示，是今后我们各项工作的纲。这三项重要指示是互相联系，不能分割开的，一条也不能忘记。中央两个文件和两次会议精神，也都是根据毛主席的这三项重要指示制定的，是保证毛主席三项重要指示的顺利贯彻和执行的。毛主席的三项重要指示，是关系到反修防修，巩固无产阶级专政的头等大事，是关系到我国发展前途的头等大事。无论现实意义、或深远意义，都是怎样估计也不会过高的。怎样对待毛主席的三项重要指示，是个党性问题，是对毛主席革命路线的态度问题。我们党委，首先是我和几个书记要坚决学好，在"搞清楚"上狠下功夫，并且要求所有干部、党员和全体教职工，包括家属都要学好，都要坚决贯彻执行。因此，会后，我们要造成一个很大

000055

图 13　1975 年，《高元贵在全院教职工大会上作迁校建校的动员报告》

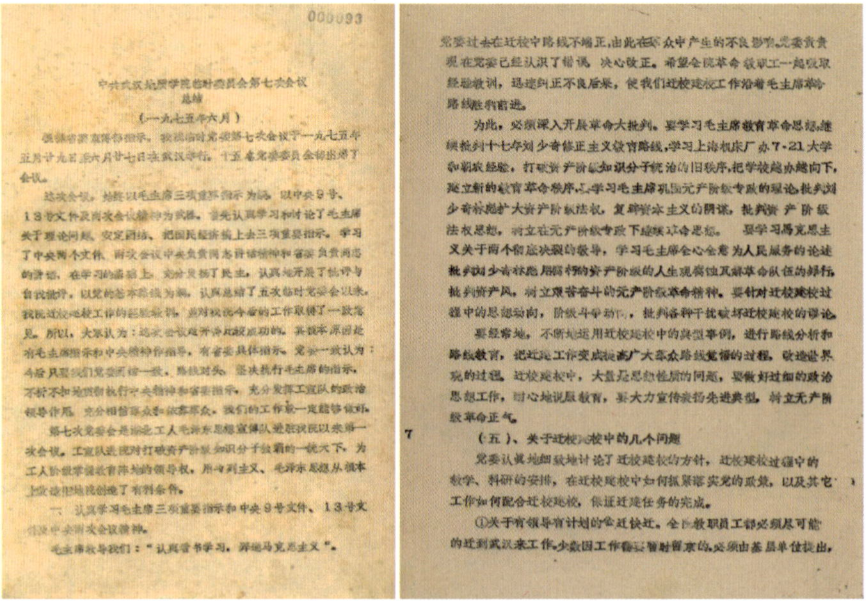
000093

中共武汉地质学院临时委员会第七次会议

总结

（一九七五年六月）

党委过去在迁校中路线不端正，由此在群众中产生的不良影响，党委负责。现在党委已经认识了错误，决心改正。希望全院革命教职工一起吸取经验教训，迅速纠正不良后果，使我们迁校建校工作沿着毛主席革命路线胜利前进。

为此，必须深入开展革命大批判。要学习毛主席教育革命思想，继续批判十七年刘少奇修正主义教育路线，学习上海机床厂办7·21大学和朝农经验，打破资产阶级知识分子统治的旧秩序，把学校越办越向下，建立新的教育革命秩序。要学习毛主席巩固无产阶级专政的理论，批判刘少奇林彪扩大资产阶级法权，复辟资本主义的阴谋，批判资产阶级法权思想，树立在无产阶级专政下继续革命思想。要学习马克思主义关于两个彻底决裂的教导，学习毛主席全心全意为人民服务的论述，批判刘少奇林彪用腐朽的资产阶级的人生观腐蚀瓦解革命队伍的罪行，批判资产风，树立艰苦奋斗的无产阶级革命精神。要针对迁校建校过程中的思想动向，阶级斗争动向，批判各种干扰破坏迁校建校的谬论。

要经常地，不断地运用迁校建校中的典型事例，进行路线分析和路线教育，把迁建工作变成提高广大群众路线觉悟的过程，改造世界观的过程。迁校建校中，大量是思想性质的问题，要做好过细的政治思想工作，耐心地说服教育，要大力宣传表扬先进典型，树立无产阶级革命正气。

7

（五）、关于迁校建校中的几个问题

党委认真地细致地讨论了迁校建校的方针，迁校建校过程中的教学、科研的安排，在迁校建校中如何抓紧落实党的政策，以及其它工作如何配合迁校建校，保证迁建任务的完成。

①关于有领导有计划的全迁快迁。全院教职员工都必须尽可能的迁到武汉来工作。少数因工作需要暂时留京的，必须由基层单位提出，

图 14　1975 年 6 月，中共武汉地质学院临时委员会第七次会议总结

报）。全院随即掀起一场宣传和落实“八八”电报指示精神的群众运动高潮。1975 年 8 月 20 日，学院临时党委发出《关于坚决执行国家计委、教育部八月八日电报指示的决议》，“前进的道路不会是平静的，困

难会是很多的,斗争在等待着我们。我们号召全院共产党员和广大教职工团结一致,同心同德,'下定决心,不怕牺牲,排除万难,去争取胜利'!"并对搬迁时间、人员批次、物资运输等作出了具体的安排。8月22日,高元贵在写给周守成等同志的信件中,表明自己带头全迁,把户口、油粮关系迁到武汉(图15)。

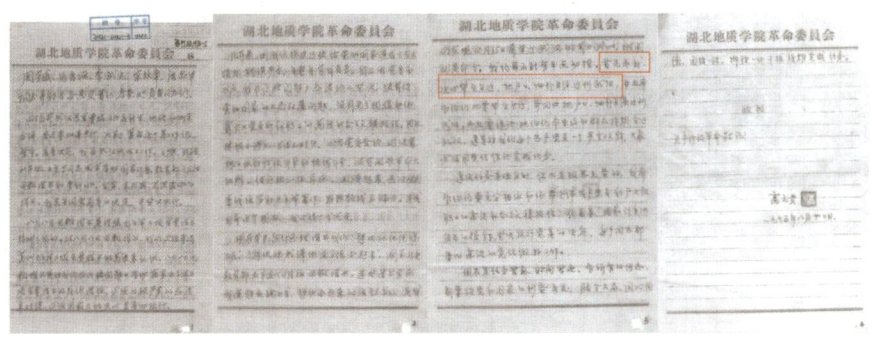

图15　1975年8月22日,高元贵写给周守成等同志的信件

1975年8月26日,因特大暴雨中断的京广铁路(图16)恢复通车后,学院首批教职工乘专列南下武汉,各批次人员随后也陆续来汉。1975年8月26日,学院临时委员会再次作出《关于继续动员迁校工作的决定》(图17)。除留守人员外,学院教职工和家属以及物资,全部从北京转移到武汉,共同完成了举校南迁。1977年11月29日,学院作出《关于北京留守处房屋管理等问题的请示报告》(图18)。

大学之大,在于文化之大、根脉之深。在复杂艰难的南迁过程中,高元贵坚定不移地执行中央的决议,号召动员,周密部署,学校教职工在高元贵的带领下,凭着地质人特有的韧劲和闯劲,让学校人、财、物得以全迁武汉,守住了学校发展的根脉。高楼可以短时间建成,文化却不能一蹴而就,保住学校标本、档案、教材等资产,就是保护学校的根脉,保护学校的发展印记。学校搬迁武汉后,全院师生扎根武汉办学,实现了跨越式发展。

图16　1975年8月,被特大暴雨冲毁的京广铁路轨道

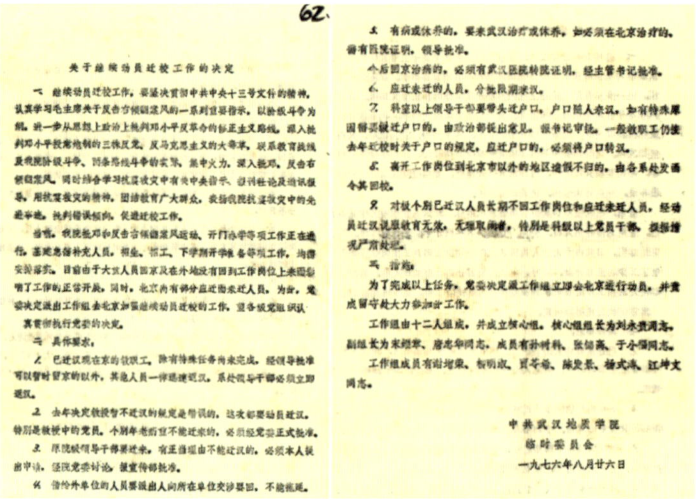

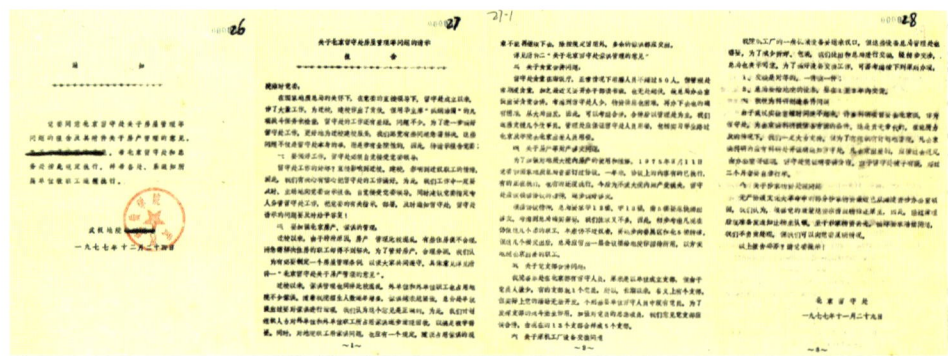

图17　1976年8月26日,中共武汉地质学院临时委员会作出《关于继续动员迁校工作的决定》

图18　1977年11月29日,武汉地质学院《关于北京留守处房屋管理等问题的请示报告》

高元贵在校 18 年,为学校事业发展鞠躬尽瘁,更在栉风沐雨的艰难时期起到了中流砥柱作用,与全校教职工共同孕育了胸怀大局、初心如磐、艰苦创业、勇攀高峰的南迁精神。有人称高元贵为校长楷模、高老夫子,风度与故事同在,思想与人品齐高。他展现了一位大学校长的浩然正气、宽广胸襟和远见卓识,赢得了一代代地大人的敬仰。

70 年来,中国地质大学始终传承优良传统,坚守育人初心,坚持改革创新,服务国家发展。站在新的历史起点,学校改革发展进入一个新的关键时期,挑战前所未有,机遇同样前所未有。新时代的地大人,将始终铭记高元贵等老前辈的殷切期盼,将建设地球科学领域世界一流大学的"地大梦",融入中华民族伟大复兴的中国梦,坚持更高水平开放、更深层次改革、更高质量创新,以"重整行囊再出发"的饱满精神,克服前进道路上的阻碍和挑战,推动事业不断向前发展。

作者简介

帅斌等为中国地质大学(武汉)图书档案与文博部工作人员。

大学校长楷模——我们敬爱的高元贵院长

刘庆生

大学校长是一所大学日常管理服务的领导核心。我国的大学校长既要拥有高水平的现代高等教育思想与知识,还要深刻领会党和国家的高等教育发展方针政策,并结合所在大学的历史传统与学科特点,集自己和学校师生员工的智慧办出有特色的大学并使大学屹立于世界大学之林。这样的大学校长的出色表现会让学校全体师生员工快乐地学习、工作和生活,校长也会因其任职期间的卓越贡献而名垂青史。我们经常从媒体上看到一些大学浓墨重彩地宣传对学校历史发展进程发挥重要作用的校长。这些校长既有民国时期的北京大学校长蔡元培,清华大学校长梅贻琦,南开大学校长张伯苓等,也有新中国成立后的大学校长,例如北京大学校长马寅初,武汉大学校长刘道玉等。这些知名大学校长在他们领导大学时期留下了诸多对学校发展具有深远意义的智慧箴言与治学理念,这些箴言和理念被后辈学人广为传颂。例如北京大学校长蔡元培的"囊括大典,网罗众家,思想自由,兼容并包",马寅初校长提出"人格独立,思想自由,崇尚真理,求真务实"。清华大学校长梅贻琦的"所谓大学者,非谓有大楼之谓也,有大师之谓也",还有他极为普通而又温馨的经典话语:"大学校长就是给教授搬椅子的",道出了他对大学校长服务意识与理念的通俗理解。这些大学校长的治学理念与实践毫不逊色于一些世界知名大学校长,是民国时期我国一些著名国立大学与私立大学处于世界大学先进水平的思想基础。

2022年11月7日,我的大学母校——中国地质大学迎来建校70周年。为此,我想起了1965年我上大学和1970年毕业留校任教数十年来,时任院长高元贵治学的许多温馨往事。高院长的大学治理思想始终潜移默化助我成长,为我成长为一个称职的大学教师提供了强有力的思想武器和精神力量。每当我想起这些往事,心中就会涌起对高院长的无限思念和深深敬意。

高院长1936年加入中国共产党,是"一二·九"中国大学生运动的主要领导人之一,1958—1965年任北京地质学院党委书记兼院长,1966年"文化大革命"开始前夕任院长,"文化大革命"后期至1976年任学校革命委员会主任兼临时党委书记,是主政学校时间较长、功勋卓著的一位大学领导。高院长虽然没有留下比较完整系统的高等教育思想,却是一位以实际行动将高等教育思想与中国大学实际相结合的典范。他以出色的大学治理理念与高超的领导艺术带领全校师生员工传承创新发展,提出北京地质学院"刻苦钻研、实事求是、艰苦朴素、严肃活泼"的校风。基于学校出色的办学成果,北京地质学院于1960年被确定为全国64所重点大学之一。1960年2月,中共北京市委员会、北京市人民政府授予北京地质学院"红旗学院"锦旗。高院长为中国地质大学的灿烂辉煌与可持续发展作出了杰出贡献,他是全校师生员工和校友心中的偶像和永远的丰碑(图1)。

图1 敬爱的高元贵院长

一、提出大学治理理念的核心是扎根中国大地办地质高等教育

(一) 重视学术引领，淡化行政主导

众所周知，大学治理不同于政府部门的纯粹行政管理，更有别于企业管理。大学是生产知识、培养高级科技人才的场所。大学管理服务的对象是拥有高等教育专业知识的教师和渴求知识的莘莘学子，这就决定了大学治理的特性属于服务，大学管理是通过服务得以体现的。正如英国剑桥大学校长乐思哲说："大学要为教授提供足够的时间和空间，让学者从容选择，让他们为学校的知识体系作出贡献。一个大学不是由行政人员组成，而是由教职员工组成的"。在高院长心中，大学属于学术机构，不是政府部门；大学教师，尤其是学校的著名教授，是大学教育发展的核心人力资源。尽管高院长这些大学治理理念不完全被同行理解，但高院长重视学术引领、淡化行政主导的大学治理理念深受师生的欢迎与敬重。

高院长是将普通高等教育理论与中国高等教育实际相结合的典范。他深入领会《教育部直属高等学校暂行工作条例（草案）》（中共中央1961年9月15日印发讨论试行，简称"高教六十条"）精神，全面落实大学实行党委领导下的校（院）长负责制，充分发挥校（院）长在学校治理中的主导作用。1963年，高院长和学校领导班子决定增选学校两个龙头专业系——石油地质系和矿产地质系的系主任杨遵仪和袁见齐任北京地质学院副院长。两位先生均为九三学社社员，国际著名地质学家和矿产勘探学家。由于杨遵仪倾心学术，明确表示不愿意任副院长，高院长尊重他的意见。最后由地质系年轻教授马杏垣和矿产地质系主任袁见齐任副院长（图2）。三位教授均于1980年当选中国科学院学部委员。

图 2　袁见齐(左)、马杏垣(右)

知名教授出任学校行政领导还发生在1980年的武汉地质学院,此时高院长任国家地质总局(地质矿产部)顾问。当年地质矿产部决定遴选武汉地质学院院长和副院长,经过慎重考虑,决定由知名教授王鸿祯任院长,池际尚任副院长。两位知名教授均是民主党派成员,王鸿祯是中国民主促进会会员,池际尚是中国民主同盟盟员,这种全国大学行政领导班子成员结构组成在当年是一个创举。1947年6月,王鸿祯获得英国剑桥大学哲学博士学位。1950年,34岁的王鸿祯是国际著名地层古生物学家,晋升为北京大学教授,并兼任北京大学秘书长。1952年,他参与创建北京地质学院并于1956年出任北京地质学院副院长。池际尚分别于1947年和1949年获得美国宾夕法尼亚州布林莫尔学院硕士和博士学位,然后回到清华大学任副教授并于1952年随地学系老师一起参与创建北京地质学院。她是我国岩石学学科的领军人物,在国际学术界享有很高声誉,是温家宝校友常怀念的老师。两位先生均于1980年当选为中国科学院学部委员(院士)(图3)。由两位知名教授出任武汉地质学院院长和副院长的决策,开启并形成我校教授治学的优良传统,奠定了学校如今辉煌成就的基础。

(二)为学校教师讲授哲学

哲学是世界观的理论体系,哲学中的自然辩证法对于以不确定性

图3 王鸿祯(左)、池际尚(右)

为鲜明特色的地学类专业教师的教学和科学研究具有重要意义。原学校党委宣传部副部长兼新闻中心主任吴胜雄告诉我,他曾经采访过於崇文和张本仁。两位教授都高度评价了高院长当年组织学校教师开展学习哲学的活动。张本仁说:"高院长在学校开展学哲学很有意义,我终身受益。很多人认为哲学和地球科学研究关系不大,这是错误的。哲学是什么?哲学是关于认识世界的学说;哲学是理论化、系统化的世界观。我和於崇文从事地球化学两个不同方向的研究(於先生研究矿床地球化学,张先生研究区域地球化学)。但是,我们两人有一个共同点,都以马克思主义哲学作为学术研究的指导思想。"基于他们丰硕的科学研究成果,两人分别于1995年和1999年当选中国科学院院士(图4)。张本仁还培养了以中国科学院院士高山教授为代表的一批杰出人才,为提升我国区域地球化学的国际地位作出了突出贡献。大学校长给学校教师主讲哲学,即使在当下我们的大学,也是一件了不起的大事,这充分体现了高院长知识渊博,革命经历丰富以及对学校教师高度负责的精神。使北京地质学院教师拥有哲学思维是高院长教育思想的重要组成部分,对当下我国高等教育界倡导加强思想政治教育具有重要的行为示范意义。

(三)重视本科生科学研究

陈晦鸣在《我心中的高元贵院长——从两张老照片的故事想起》

图4　於崇文(左)、张本仁(右)

中记述了她学生时代参加科学研究的经历。1959年,课程设计期间她被分配到地质部地球物理研究所参加物探新仪器新方法实验研究工作。她说,当年学校很重视科学研究,发动大学生积极参加与专业学习相关的科学研究。毕业设计阶段,她们班很多同学都被安排到新型物探仪器设备研制的科研小组。当年以高院长为首的领导集体提出的学校教育目标是:"高举毛泽东思想红旗,实现以科学研究、技术革新、技术革命为中心的全面跃进"。物探系的学生参加了许多与物探仪器相关的科研项目。陈晦鸣回忆说,当时北京地质学院大学生参与科学研究活动的人数在北京市的大专院校中名列前茅。1959年4月学校还举办了各个系科学研究和技术革新运动成果展览会,代表性科技成果还参加了北京市高校在天安门午门门楼上举办的科研成果展览会,其中包括物探系研制的几种仪器,高院长陪同地矿部党组书记、副部长何长工到现场参观指导(图5)。

英国剑桥大学校长乐思哲认为一名理想的大学生应具有如下条件:有极高的学术天分、刻苦学习的潜能、独立的人格,学术上有自由思考能力,要有志向,不断鞭策自己,具有改变世界的雄心壮志。大学本科学生广泛参与科学研究是培养学生独立人格,提升科学研究思维与能力的重要途径。这与世界著名大学美国普林斯顿大学的本科生暑期研究经历项目(princeton summer undergraduate research experience,PSURE)和美国麻省理工学院的大学生研究机会计划(under-

图5 高院长(前排左4)陪同地矿部党组书记、副部长何长工(前排左3)参观学校科学研究成果展(陈晦鸣提供)

graduate research opportunity programme，UROP)相似。因此，大学本科生广泛参与科学研究体现了高院长高瞻远瞩的高等教育思想，为北京地质学院培养高质量的大学生奠定了坚实的基础。

大学本科学生重视科学研究的优良传统在中国地质大学得到了很好的继承和发扬。学校非常重视实践教学，除了丰富多彩的课外科技活动，学校还要求本科生的毕业论文必须与教师的科研课题相结合，这对培养大学生的独立科学研究能力具有重要意义。

(四)重视大学本科教育改革和培养学生综合素养

高院长非常重视大学本科教育改革。关于本科教学改革方面，1956年毕业留校任教的范永香告诉我，高院长经常参与学校相关专业课程教材改革讨论会。1978年本科毕业于武汉地质学院，1982年研究生毕业于武汉地质学院北京研究生部，曾任中国地质大学(北京)党委常委、宣传部长的金鸣峰在《建校元勋像》中说："高院长指出，教育要与生产劳动相结合，但不是用生产劳动取代教学，要保证学生每年8个月的理论学习和2个月的实践学习。高院长还强调教学必须循序渐进,不能搞'运动',号召学生要认真读书,学校要为学生创造安静的学习环境。"原12641班同学胡昌铭在回忆文章《与高院长的二三事——怀念敬爱的高院长》中谈到"少而精"教学改革时,高院长对他说:"'少而精'就是抓住主要矛盾,是一种科学的学习方法,用得好,就会提高学习新知识的能力"。

高院长积极响应国家号召,1964年,在学校地质矿产系和探矿工程系部分班级试行"半工半读"教学改革试验。我们班何定一同学回忆,有一天,他和班上几个同学去学九楼"参观游览",正好路过高院长办公室,看到探工系的学生找高院长"闹事"。他们要求高院长解释为什么要在探工系试行"半工半读",认为"半工半读"低人一等。高院长耐心给他们解释,同时让秘书将关于"半工半读"的国家文件找出来给他们看,告诉他们这是国家政策。探工系1970届毕业留校的韦念龙也证实,他说当年他们专业4个班,其中有2个班实行"半工半读"。他很想去"半工半读"班,因为国家给所有"半工半读"学生每月19元助学金,这对家境贫困的学生很有吸引力。因为当年学校食堂每月固定伙食费是15.5元,其他班级的二等助学金通常最高的也只有17.5元,我当时获得了二等助学金。高院长非常重视"半工半读"学生的教学质量,1965届毕业留校的陈安民告诉我,地质矿产系为"半工半读"班级抽调优质师资专门设立一个教研室(包括辅导员),以确保这些学生既有扎实的地质勘探基础理论知识,又有高水平的实践技能。后来这些半工半读学生毕业后在生产一线实践中表现突出,其中多人出任各省地质矿产局总工和局领导。

在高院长领导下,北京地质学院非常注重学校文化建设,全面培养学生"德智体"综合素质,课外活动丰富多彩。1968—1969年,北京市五大高校,即北京大学、清华大学、北京地质学院、北京航空学院和北京师范大学联合组织排演现代京剧《红灯记》,我院学生王润斋出演李玉和，北京大学西语系学生张敏出演李铁梅，北京师范大学数学系学生王学荣出演李奶奶，北京航空学院学生负责京胡演奏，北京师范大学学生负责打击乐，清华大学学生负责伴奏。王润斋告诉我，《红灯记》在五大高校轮流演出，还专程到剧情背景地北京铁路局机务段演出。京剧《红灯记》的演出为当时非常时期首都5所大学的教职员工大联合与社会稳定起到了重要促进作用（图6）。

1963年暑假后，学校开始组织排练反映地质勘探队员工作生活的话剧《年青的一代》。演员们既要克服生活上的困难，学生还要弥补排练演出耽误的学习。这个话剧深受学校师生的喜爱，除了在学校演出，还先后在北京探矿机械厂、北京市四季青人民公社以及相关学校巡回演出多场，包括在北京市政协礼堂，受到首都各界群众热烈欢迎（图7）。我们物探系1966届同学张子玲还参加了电影《年青的一代》的拍摄。当年学校文体活动丰富多彩，项目齐全，学生参与度高。我们班同学参加了田径、篮球、乒乓球、游泳、航海、射击、棒球等学校运动队项目，有的还加入了学校美工队和广播台。这些文体活动既增强了大学生的体质，又提升了大学生的文化素养，为成长为一个人格健全、知识丰富的大学生打下了良好基础（图8）。

图6　由北京大学、清华大学、北京地质学院、北京航空学院、北京师范大学师生联合演出的现代京剧《红灯记》剧照（王润斋提供）

图7　1964年学校师生员工演出的话剧《年青的一代》剧照

图8　1958年,高院长在操场与正在锻炼的学生亲切交谈(左);1964年9月,北京市高校游泳比赛在我院举行,高院长陪同地质部副部长何长工、胥光义及学院领导会见学校游泳运动员(右)

学校优秀的大学文化得到传承和发扬光大。中国地质大学(武汉)学生社团子非鱼戏剧社自2011年开始排练演出的反映我国地质学先贤李四光先生的大型话剧《大地之光》在校内外巡演50多场,反响强烈。话剧《大地之光》与清华大学歌颂邓稼先的原创话剧《马兰花开》、上海交通大学的原创诗歌剧《钱学森》、浙江大学歌颂竺可桢的原创话剧《求实魂》、中国科技大学歌颂郭永怀的音乐剧《爱在天际》一起成为中国科学技术协会发起、教育部大力支持的"共和国的脊梁——科学大师名校宣传工程"剧目。《大地之光》已经成为中国地质大学(武汉)宣传大学生文化生活的一张绚丽多彩的文化名片(图9)。

图 9　中国地质大学(武汉)子非鱼戏剧社演出的《大地之光》剧照

北京地质学院的本科生教育取得了丰硕成果。1965 届物探系毕业留校任教，1980 年调上海同济大学的王家林(曾任同济大学海洋地质系主任)对我说，1964 年他作为北京地质学院优秀学生代表参加北京市高校先进代表大会。他作为 7 个代表之一，会前参加了市委领导彭真、刘仁、邓拓等人出席的座谈会，彭真同志作了长篇讲话。7 个学生代表分别来自北京市不同类型的大学：北京大学 2 人，清华大学 2 人，北京地质学院、北京石油学院和北京工艺美术学院各 1 人，由此可见当年北京地质学院本科生教育在北京市高校中的显赫地位(图 10)。

图 10　1964 年高院长(右 4)与优秀学生代表合影，右 3 为 1967 届地质系学生，原辽宁省委书记张文岳，左 3 为 1965 届物探系学生王家林，原同济大学海洋地质系主任

(五)重视大学生艰苦奋斗、爱国主义与集体主义教育

北京地质学院积极响应毛主席关于"大学生要下连当兵"的教导,率先组织1965级学生下连队训练,目的是通过下连当兵,学习部队官兵的艰苦奋斗精神,让大学生拥有爱国主义和集体主义品质。那是1966年初冬季节,我们物探系学生在河北张家口当兵,这是首都高校率先组织大学生进行的一次重要军事训练活动。至今记得团长是抗日战争期间打过清风店战役的老兵。我们实行与战士同吃、同住、同训练、同劳动的完全军事化管理。大约到了第38天,高院长亲自到部队给我们讲话,学校决定结束军训让学生返校学习。一个多月的军事训练,我们由衷地敬佩战士们吃苦耐劳的精神,至今记得我所在的连指导员说的一句话:我们野战部队的生活不能太舒适,否则打起仗来会严重影响战斗力(大意)。后来我通过某些渠道了解到,1965年北京高校大学新生中只有部分高校实行了下连当兵锻炼,"文化大革命"开始后,这些大学的学生就失去了宝贵的军事化训练机会。这也充分表明我们学校在高院长领导下,结合学科特点,重视学生艰苦奋斗、爱国主义与集体主义教育,对培养学生正确的人生观具有重要意义。

(六)终身学习的模范

1968年高院长和我所在的61652班同学在北京地质仪器厂一起生活劳动一个月。我们吃住在厂里,高院长早出晚归,中午休息时我们就在一起聊天,内容很广泛。我记得军代表杨明(空军学院一个师级干部)很尊重高院长,他并没有将高院长当成走资本主义道路当权派,而是常叫高院长给我们讲革命故事,例如"一二·九"运动的故事。戴联善、何立士回忆,我们在北京地质仪器厂学习期间,发现高院长老爱看中学数学书,戴联善曾经问老院长这是为什么,高院长说这是他的个人爱好,并且说教育改革应该从中学抓起。当时我们基本没有什

么娱乐活动，下班后，不是打扑克，就是下象棋，或者聊天。高院长的话让我深思：一位花甲老人，依然坚持学习，我们这些年轻人却没有这种学习意识。高院长这种坚持终身学习的理念令人钦佩，终身学习让高院长始终处于与时俱进的状态，他运用创新的高等教育思想领导北京地质学院发展壮大，他在任期内，学校成为国家重点大学和北京市高校"红旗学院"。

二、领导全校教职员工艰难创办武汉地质学院

我于1970年毕业分配留校后，直接到湖北丹江口五七地质队报到，因为当时国家决定北京部分大学整体外迁办学，北京地质学院属于外迁办学的大学之一。为此，高院长率领有关人员开始了艰难的寻找外迁办学校址的过程。1972年，高院长被湖北省委任命为学院临时党委书记兼革命委员会主任。湖北省委初步将学院定址在湖北江陵（原地质部第五石油地质普查队驻地）。学校实行"五点"办学：分别是江西峡江五七干校、湖北江陵学校行政机关、湖北丹江口五七地质队、武汉地质学校、北京地质学院原校址。1972年，经过高院长的艰苦努力，湖北省委批准，学校决定撤销丹江口和江陵两个教学点，全体教职员工相对集中在武汉地质学校和北京地质学院原校址。高院长虽然希望学校能够恢复留京办学，但申请未获批准。之后，他顾全大局，服从中央政府决定，组织学校外迁。经过高院长的多方努力争取，学校终于定址武汉市洪山区南望山下。从此，学校开始了在武汉办学的光荣历史。

在学校外迁过程中，年近古稀的高院长考虑到武汉新校址的职工住宅尚在建设中，主张部分老教授和老职工暂缓外迁，中青年教职工先迁。这体现了高院长在开展工作时既坚持组织原则，又非常的人性化。他关心所有教职工的切身利益，无论是教授还是工人。为此，学校向国家有关部门请示，部分老教授难以适应武汉夏天酷热天气环境，创建武汉地质学院北京研究生部，照顾19位年事已高的知名教

授,让他们继续发挥余热培养研究生,为国家培养高级地矿专门人才。1975年8月,高院长考虑学校近千名教职员工外迁交通困难,他几经努力,通过铁道部争取到一趟开往武汉的专列。我荣幸平生第一次,也是迄今唯一一次享受到了乘坐专列待遇。由此可见,高院长为学校南迁入驻武汉办学真可谓殚精竭虑、呕心沥血。

在如此艰难的学校外迁过程中,高院长领导学校教职员工艰苦创业,教学科研一起抓。1972—1973年学校招收了英语师资班和地质力学班,其中,1972年招收的英语师资班学生为应届高中毕业生。据老教师回忆,当时学校教师普遍没有教学任务,高院长提出教师要走出去"找主管部委要科研任务,要经费开展科学研究,提升教师的科学研究能力"。以彭志忠、马杏垣、苏良赫、游永雄和许洪海为代表的一批教师坚持开展科学研究并取得突出成果。为此,学校在1978年全国科学大会上领衔获得科技奖励6项,合作奖励28项,位居当年全国高校第一(图11)。

在1978年全国科学大会上由武汉地质学院独立完成的获奖科研成果	
项目名称	项目负责人
矿物晶体结构	彭志忠教授
我国发现一批新矿物	彭志忠教授
中国东部前寒武纪大地构造发展样式	马杏垣教授
工艺岩石研究	苏良赫教授
等时角法精密快速联测天文时间、经纬度和方位角	游永雄教授
DDW-1型无参考线虚分量仪	许洪海教授

图11 1978年,学校领衔获得全国科学大会奖励名单(中国地质大学(武汉)校史馆提供)

高院长时刻关心学校南迁后在湖北丹江口招收的第一届工农兵学员的学习情况,在决定撤销丹江口办学点后,将这一届学生全部撤回到北京继续完成学业。他还携学校时任主要领导在北京出席了这一届特殊时期完成大学教育学生的毕业典礼(图12)。

图 12　学校招收的第一届工农兵学员——金属物探专业学生毕业合影。前排自左 3 开始：马杏垣、聂克、王焕、高元贵、朱见香、军代表、肖敬涌、谭承泽、曲玉珍（钟冬芝提供）

如今苦尽甘来，在艰难困苦经历中成长的中国地质大学南北学校旧貌换新颜（图13），学校环境优美，鲜花盛开，教学、科研、人才培养硕果累累，我们可以告慰敬爱的高院长的在天英灵。

图 13　中国地质大学校园美景

(a) 中国地质大学（武汉）南望山主校区航拍照片；(b) 中国地质大学（武汉）未来城校区航拍照片；(c) 中国地质大学（北京）东大门；(d) 中国地质大学（北京）校园航拍照片

三、关心广大师生员工学习生活,做大家的知心朋友

高元贵院长在学校长达18年的领导生涯中,与广大师生员工结下了深厚友谊,他从上任之初就注重以平等相待的原则与全校师生员工交往,留下了许多温馨场景与佳话。陈安民告诉我,南迁武汉后,地质系老师和1975年招收的工农兵学员都住在武汉教师进修学院,食宿条件非常困难,高院长亲自到进修学院的体育馆内检查学生宿舍,关心学生生活,体现了高院长对学生的大爱。

图14是一张老照片,记录了高院长与杨遵仪、袁见齐在校内悠闲散步聊天的温馨场景,它体现了高院长与学校知名教授之间平等相待的高尚品德和风范。高院长与杨遵仪同岁,他俩只比袁见齐小一岁。

1960届留校的陈晦鸣说,平常在路上碰到高院长,高院长都会主动和老师打招呼,丝毫没有高级干部的架子。此外,高院长还尽己所能保护受到错误批判的著名教授王鸿祯。王先生40岁就任北京地质学院副院长,1957年受到错误批判,1958年高院长上任伊始就与王先生促膝谈心,叫他放下包袱,大胆工作,这给王先生极大的精神鼓舞。从此王先生全力投身教学科研,成就辉煌,1980年当选中国科学院学部委员(院士)并任武汉地质学院院长,同时他也成了高院长的知心朋友(图15)。

图14 从左到右:袁见齐、杨遵仪、高元贵　　图15 高院长(左)和王鸿祯亲切交谈

曾任中国地质大学(武汉)党委书记和校长的张锦高1970年矿产系毕业留校,他与我同在湖北丹江口五七地质队工作。1972年我们迁回北京,1973年11月,高院长发电报把正在带领学生实习的他从马鞍山召回,安排他直接到设在武汉地质学校内的湖北地质学院武汉分院报到,担任1972级英语班辅导员。大学生辅导员工作是学校管理服务工作的重要组成部分,基层管理工作积累为他后期担任学校党政领导工作打下了坚实基础。张锦高对我说,当年英语班住在武汉地质学校的12栋,高院长来武汉时也住在12栋,与学生同吃同住,没有任何高级干部的领导架子。

高院长始终以诚相待、关心爱护在学校教学科研中作出贡献的每一位教师。1960年袁复礼获得学校先进个人光荣称号(图16),是学校一位德高望重的老教师,1983年12月袁复礼90大寿时,已经退出学校领导岗位多年的高院长欣然应邀前往祝贺(图17)。同时,学校的一些教师也常常是高院长家里的座上宾,他是大家的知心朋友(图18)。

图16 1960年3月1日,北京地质学院首届先进集体先进工作者暨红旗班优秀生合影(部分),第二排右4为高院长,左5为佩戴先进工作者飘带的袁复礼,右侧为北京市委、北京市人民政府授予学校的"红旗学院"锦旗

图 17　高院长参加袁复礼 90 岁生日聚会，并发表讲话

图 18　高院长和杨遵仪(左)、袁见齐(右)交往照片

四、高院长为学校发展呕心沥血，他是地大人心中不朽的丰碑

我的大学同班同学戴联善和任友标 1970 年毕业被分配到地处湖北荆州江陵的地矿部石油综合地质大队。当时，地质矿产部决定将地处湖北荆州江陵的第五地质普查大队（简称"五普"）、第四物探大队（简称"四物"）迁往江苏，将石油综合地质大队和实验室从上海、长春迁到荆州江陵五普和四物原队部所在地。这时候国家已经决定北京地质学院整体外迁办学，正在湖南、湖北寻找校址，荆州的江陵成了一个备选地。为此，高元贵院长带人来到了江陵。戴联善对我说："当时我们石油综合地质大队有 16 名刚从北京地质学院分配来的同学，我

们和老院长都住在江陵原五普大队基地大院。此时适逢中秋节,大家都希望能和老院长一起过中秋佳节。当时只有我和任友标认识高院长(1968年高院长和我们班在北京地质仪器厂一起生产劳动过1个月),大家派我们去邀请高院长,没想到老院长还记得我的姓,还谈起1968年在北京地质仪器厂的往事,随即答应一定来。我们和高院长在一起度过了一个终生难忘的中秋佳节。许多同学说,在学校只在公开场合见过高院长,没想到老院长这么平易近人,对我们年轻人这么关心。我们班孔庆华同学回忆1968年和高院长在北京地质仪器厂的往事时,他说,记得高院长是抽烟的,抽的是"大前门",当时火柴紧缺,他提出用一盒"大前门"香烟换一盒火柴。高院长极其随和,平易近人,也不古板,同学们也很乐意和他聊天。

1972年上半年,高院长亲自来丹江口五七地质队看望大家,并宣布撤销丹江口和江陵两个办学点。高院长离开时,很多教职工自发前往丹江口火车站送行,引起火车站职工的关注,一个年过花甲的领导如此受到单位教职员工的拥戴实属难得。这样的温馨场景再次发生在1976年,高院长退出学校领导岗位,从武汉返回北京,数百名教职员工自发到武昌火车站送行,场面也非常壮观。

五、始终关心学校发展,他是学校健康可持续发展的灵魂

高院长1976年退出学校领导岗位后,任地质矿产部顾问,1983年离休。然而,高院长始终关心学校发展,他通过多种途径了解学校发展状况。他在家里经常听取主动上门的学校南北领导的工作汇报(图19)。他还常常接待上门看望他的知名教授(图19)。高院长还经常来学校给学生做革命传统教育,尤其是讲述他参与领导的"一二·九"学生运动经历,使学生备受鼓舞(图20)。高院长在耄耋之年拖着孱弱的身躯出席1992年学校40周年校庆,受到全校师生员工和校友的热烈欢迎,这个场面感动了在场的一位媒体记者,他感叹道:"一个离校十几年、离休近十年的原领导干部,回来还能受到如此热烈的欢迎和敬重,可见他以前在教职员工和学生中的威信是极高的,这是我以前在类似的采访工作中从未见过的场面"(图21)。

图19　中国地质大学南北两校区有关领导前往高院长家中汇报工作

图20　高院长给学生讲革命传统故事

图21　1992年11月7日,高院长出席校庆40周年庆祝大会时受到校友热烈欢迎

　　高院长的大学治理理念和教育思想是学校改革发展的宝贵精神财富。我们应当认真总结研究学习高元贵院长的教育思想与大学治理理念,为中国地质大学可持续创新发展,早日建成地球科学领域国

际知名研究型大学作出努力和贡献。

本文涉及较多学校史料，如有不妥之处敬请大家批评指正。感谢各位教师和职工为本文提供的素材。闻立峰、龚一鸣、徐义贤、张锦高对本文提出了宝贵修改意见，特此致谢。如无特别指出，文中照片取自《教泽风范——我们的高院长》，中国地质大学出版社，2002；《体育华章——中国地质大学60年体育掠影》，中国地质大学出版社，2012。

作者简介

刘庆生，男，江西省吉安市人。九三学社社员。1965年考入北京地质学院地球物理勘探系金属与非金属地球物理勘探专业（61652班），1970年毕业留校任教。中国地质大学二级教授。曾任湖北省人民政府参事，九三学社湖北省第四届科技委员会主任，中国地质大学、中国科学院测量与地球物理研究所博士生导师和中山大学高年资教师岗位教授，中国地质大学（武汉）学术委员会、学科建设委员会等机构成员。2011年退休。

立德树人，院长楷模

胡轩魁

百年大计，教育为本。教育同国家前途命运紧密相连。高等教育是一个国家发展水平和发展潜力的重要标志。实现中华民族的伟大复兴，应坚持中国特色社会主义教育发展道路。把立德树人作为根本任务，把服务国家作为最高追求，把学科建设作为发展根基，把深化改革作为强大动力，把党的建设作为坚强保证，办好新时代高等教育，走出一条建设中国特色、世界一流大学的新路，为实现第二个百年奋斗目标，实现中华民族伟大复兴的中国梦作出新的更大的贡献。

在我校 70 年的改革发展历程中，1958 年调任北京地质学院院长兼党委书记，至 1976 年离校，在校工作 18 年的高元贵同志，就是一位深受广大师生敬慕和爱戴的教育家、实干家，一位优秀的大学领导，大家亲切地称他"高老夫子"。

一、镜头回放，佐证典范

镜头一：1976 年春，高院长奉调离开工作 18 年的武汉地质学院，到国家地质总局担任顾问，时年 68 岁。某天傍晚，学校散住于武汉三镇的六七百名教职工，自发地赶到武昌火车站，为高院长送行。如此壮观的场面，教职工的热情，深深感动了火车站的职工，他们破例让其全部进入站台。起初，他们以为这么多人是给哪位大领导送行，知晓实情后，惊讶地说："真是少见！"

镜头二：1992 年 11 月 7 日上午，中国地质大学（北京）庆祝建校 40 周年大会上介绍贵宾时，当念到"北京地质学院院长和武汉地质学院院长高元贵"的名字时，数千名师生员工和校友全体起立，爆发出长达6～7分钟的掌声和欢呼声,情景感人至深。许多校友热泪盈眶。在场的来宾和记者无不为之动容。

地质矿产部领导指出:高元贵同志是一位优秀的大学校长,是地质院校校长的楷模。

二、栉风沐雨,励精图治

高院长在为《江山作证》一书作序时写道:"我于1958年奉调到北京地质学院工作,历时近20载。离校后担任地质矿产部顾问,仍是地质战线的一名'老兵'。地质战线被党和人民誉为'工业尖兵''建设时期的游击队',工作是艰苦而光荣的,能加入这支队伍我感到非常自豪。在为党工作的一生中,地质学院工作是我最难忘的阶段。地质学院广大师生员工给予我的支持和帮助,至今还历历在目。我也和广大校友们一样,时刻关心着学校的发展。"

1958年,在兰州工业部门工作的高元贵同志了解到国家急需文教人才,就给华北局书记李雪峰同志写信,要求到文教部门工作。他在信中写道:"我在大学学了几年,有信心团结知识分子;过去一贯做发动群众的工作,能够深入群众处理好工作中的问题。"语言朴实无华,但却充满自信。

在履职北京地质学院和武汉地质学院的18年中,他忠于党的教育事业,结合行业特点,潜心研究高等地质教育和地学人才的培养规律,落实立德树人任务,传承红色基因,实现了由革命家向教育家的角色转变,践行了自己的诺言。

在办学治校实践中,他带头并带领领导班子一班人,学习地质知识,由外行到内行。他积极探索,锐意改革,勇于担当,无私奉献,带领全院师生员工于1960—1966年步入办学的第一个辉煌时期。

1962年9月1日,《光明日报》第一版报道:"北京地质学院领导干部七年坚持业余学习,掌握了地质专业知识,提高了业务领导水平。"

当日的《人民日报》第二版报道："北京地质学院党政干部勤学专业知识,七年中他们抓紧业余时间,按部就班地坚持学完数、理、化基础知识和主要地质专业课程。由于懂得地质专业知识,他们在贯彻执行党的教育方针和具体政策中,能做到胸中有数,使党政领导和教学活动密切地结合起来。"

由于在教学、科研、生产和文化教育等方面都取得了突出的成绩,在1960年2月25日至3月1日召开的北京市文教群英会上,北京地质学院被评为北京市文教战线的"红旗学院"(图1、图2)。

图1　1960年2月27日,学校举行首届先进集体、先进工作者、红旗班、优秀生代表大会,高院长在会上作报告

图2　高院长等院领导与院首届先进代表大会的全体代表合影(局部)。中间红旗是中共北京市委员会和北京市人民政府授予我院"红旗学院"锦旗

1960年10月22日,中共中央发布《关于增加全国重点高等学校的决定》,北京地质学院跻身全国64所重点高校之列。

1966—1976年,在"文革"期间,学校外迁,师生员工颠沛流离,辗转十年。这十年是学校发展史上最困难的时期。处于风口浪尖一把手位置的高院长,虽身处逆境,却忍辱负重,无私无畏,始终坚持和全院师生员工风雨同舟,同甘共苦,铁肩担道义,不惧风险。在坚持党性原则的前提下,以其革命的灵活性和超人的智慧,使学校在当时的历史条件下获得了最好的出路:学校落户武昌,得以在荆楚大地二次创业,再度崛起;在原北京地质学院原址创建"武汉地质学院北京研究生部",保住了这块宝贵的教育阵地,为学校今后的发展奠定了基础。同时,此举为情况相似的学校起到了示范作用。

这十年,是学校70年校史中沉重而励志的十年。从这艰辛的十年创业中,折射出地大人至刚至坚的可贵品质,彰显了地大人忠贞不渝、忠于党的教育事业的崇高献身精神。

三、学生为本,明德启智

教育是一门"仁而爱人"的事业,有爱才有责任。高院长在近20年的办学治校实践中,牢牢抓住培养社会主义建设者和接班人这个根本任务,坚持办学正确政治方向,全面贯彻党的教育方针,构建高水平人才培养体系,多渠道、多举措为学生创造德智体全面发展环境和条件,使学生能静下心来刻苦学习,努力练好人生和事业的基本功,做有理想、有追求的大学生,做有担当、有作为的大学生,做有品质、有修养的大学生。

以学生为本、明德启智是高元贵教育思想的核心内容。他始终把学生的所思、所想、所求放在心上,及时有针对性地进行改革探索,为学生排忧解难,最大限度地调动学生的积极性、主动性、自觉性。1959年3月13日,学院院务委员会正式成立。由党委提名,经地质部批准,下列人员为院务委员会成员(31人):高元贵、肖英、张席禔、周守成、马杏垣、袁见齐、李庚尧、鲁方、宋耀章、张炳熹、池际尚、杨遵仪、王大纯、薛琴舫、潘钟祥、周卡、袁复礼、刘冠军、杨起、张黯、苏良赫、李世忠、刘本巽、陈岚、钟和洁、江铭英、孙清水、魏玉蓉、刘玉发、方玉禹、刘普伦。其中高元贵为主席,肖英、张席禔为副主席,刘玉发和方玉禹两人为学生代表,可见高院长对学生的重视程度。对此,刘玉发同志在《热爱师生的老院长》一文中,深有感触地说:"作为一院之长,他十分重视学生对办学过程中的意见,经常找我了解学生的学习和生活情况。"

(一)立德树人,德育为先

1958年11月,院党委常委(扩大)会议对党委书记、院长高元贵关于教学改革问题的汇报进行了讨论,对培养目标、学制、专业设置及学科研究等主要问题作出了决定。决定指出,要把学生培养成为具有较高思想觉悟、精一兼数的多面手。

他还十分关心教师在政治上的进步,根据高级知识分子的思想特点,鼓励师生从学习哲学入手,老教师在自愿的基础上组成哲学学习小组,他亲自参加学习小组的讨论(图3)。

20世纪60年代,在毛主席题词"向雷锋同志学习"后,全国掀起了学习毛主席著作的热潮。高院长强调学习毛

图3 1960年,高院长亲自带领老教师们学习哲学著作,交流学习心得。图为马杏垣(右1)、张炳熹(左1)、池际尚(左3)、张席禔(右2)、陈光远(右4)等

主席著作重在运用(图4、图5)。同时,高院长要求广大师生通过学习毛泽东著作,树立全心全意为人民服务的思想(图6)。

图4　高院长在学习毛主席著作报告会上讲话

图5　高院长在学习毛主席著作报告会上作的报告,这是当时校刊的报道

图6　13591班学习毛主席著作《为人民服务》班会

1964年4月15日,高元贵院长在一次教师座谈会上强调教师的"五项任务":必须以教学为主;必须贯彻"少而精"原则;加强学生基本的训练;做到活学活用;业务教员要做政治思想工作。

1964年11月26日,第五届党委第十次(扩大)会议上,决定成立政治部。学校重视在学生中做好党的建设工作,按系、年级建立党支部。

1965年3月12日,《人民日报》第二版登载《北京地质学院教师以革命精神进行教学改革,既挑教学业务担子,又挑思想工作担子》,报道载:"北京地质学院教师组织学生野外实习,把政治和业务结合起来,使学生思想受到锻炼、养成吃大苦耐大劳的作风,发扬积极主动的学习精神,学习质量显著提高。"《人民日报》同版发表了《教书必须育人》的短评。短评指出:"北京地质学院的教师在野外实习中,采取了教书又教人的做法,针对学生中存在的怕艰苦、怕劳累的思想,要求学生学习解放军吃大苦耐大劳的革命精神,征服一千多米高的猫耳山;针对学生学了地质学知识不会运用的情况,引导学生活学活用毛主席著作,找差距抓矛盾,独立分析和判断错综复杂的地质现象。"该版还登载了北京地质学院教学实习小组写的《改进教学方法的一次尝试》及李明哲写的《我的教学思想的转变》。

(二)教学为重,精要适用

在认真学习苏联先进经验的同时,高院长提出要结合中国的实际情况,在学校全面彻底地进行教学改革,从学制、专业设置、课程设置到教学计划、教学大纲、教学组织都进行改革。

1958年10月29日,高院长对在校教员及三年级以上同学作有关教学改革的动员报告时,强调全面彻底地进行教学改革,是贯彻党的教育为政治服务、教育和生产劳动相结合的必然结果。在认真调查研究的基础上,高院长于1958年12月在向党委扩大会议的汇报中,提出了要彻底进行教学改革的意见(图7)。

1963年11月29日,北京地质学院党委、院务委员会印发《北京地质学院全面学习讨论在教学中贯彻"少而精"原则的工作计划》。《工作计划》指出:要贯彻"少而精"的原则,首先需要明确"少而精"的意义,认识贯彻"少而精"的必要性,克服在教学工作中不从实际出发、主观片面的缺点,然后在教学内容与方法中具体实现。

高院长要求每位教师必须以教学为主,做好所授课程的教案设计,认真备课,生动地讲好每堂课,坚持"少而精""启发式"教学。

抓典型,树先进。20世纪60年代初,学校树立袁见齐(专业课矿床学)、张永巽(基础课化学)、黄作宾(专业基础课画法几何)等教学先进典型,请他们讲公开课,让老师进行观摩教学。

图7　根据高院长的意见,党委作出了教学改革的决定

院党委对教学改革高度重视,高院长身体力行,为新开设的"综合地质基础"课程讲了第一课——序论。该课是一年级新生的地质启蒙课程,他十分重视,亲自深入普通地质学教研室,与教师研讨如何上好这门课(图8),并在此基础上新建、开出了该课程。周口店是学院重要的教学实习基地,高院长经常到实习站检查工作(图9)。

图8　高院长与普通地质学教研室教师一起研究教学改革

图 9　1959 年夏,高院长正在给周口店实习的师生作报告

高院长经常深入到学生班级了解情况、指导工作,并要求相关的党政干部到学生班级蹲点、调研。"抓典型,以点带面",他十分重视"争创优秀班集体和优秀学生"活动的开展,并通过不同的形式表彰和宣传他们的先进事迹和经验。

学院在 20 世纪 60 年代树立的先进班集体有:13591 班(红旗班,市级)、11623 班(校级)、41631 班(校级)。校刊还对这几个班的优秀事迹和先进的工作经验进行了报道(图 10～图 13)。

图 10　校刊《北京地院》刊登市级优秀班集体 13591 班(红旗班)的先进事迹

图 11　校刊《北京地院》刊登了校级优秀班集体 11623 班的工作经验

图 12　校刊《北京地院》刊登了校级优秀班集体 41631 班的工作经验

图 13　高院长与学生优秀代表合影

历史是公正的。王鸿祯院士在敬献给高院长的挽联中写道:"经世业绩,功在黎庶;政策风范,泽被士林",充分表达了广大教职工的心声。悼词中对高元贵同志的一生作出了准确到位的评价:"他是一位德高望重的老同志,他一生光明磊落,刚直不阿;坚持原则,作风正派;严于律己,宽以待人;艰苦朴素,廉洁奉公;善于团结同志,密切联系群众;自觉坚持党内政治生活准则,勇于开展批评与自我批评;保持和发扬了我党的优良传统和作风,为实现共产主义崇高理想贡献了毕生精力。"斯人已逝,精神永存!值高院长辞世 30 周年之际,我们深切怀念我们的老院长——高元贵同志。

  作者简介

胡轩魁,男,中共党员,研究员。1964 年于北京地质学院毕业留校工作。历任团委副书记、研究生处处长、高教研究室主任兼地质矿产部高教研究室常务副主任、《中国地质教育》常务副主编、编辑部主任。

杰出的地质教育家——回忆高元贵院长片段

叶德隆

1958年,高元贵来到北京地质学院担任院长并兼任党委第一书记。在这之前,他没有教育战线方面的工作经历,新中国成立前,他一直从事地方工作,新中国成立后他在中南(武汉)和西北(兰州)地区的政府部门担任经济战线的领导工作。

高元贵到了北京地质学院后,从1958年6月到1966年"文化大革命"开始,这8年时间,是北京地质学院建院以来最辉煌的时期,学校各方面工作都欣欣向荣,受到北京市和教育部的表彰,曾获得多项先进称号。当时在校的师生员工对高元贵院长都非常敬重,同时也对他有很深的感情。至今,高元贵院长已经去世30年了,大家谈起时仍深深怀念他。

一、从院务委员会组成说起

在中国地质大学(武汉)刚刚建成的校史馆里有一块展板,它是1959年北京地质学院院务委员会组成人员名单。当时中央确定高等学校的领导体制为党委领导下的校务委员会负责制,行政方面,校务委员会是学校的决策机构,即最高行政权力机构,所以,校务委员会的组成有严格的要求。

高元贵任北京地质学院院务委员会主席,副主席是肖英和张席禔,其中肖英是党委副书记兼副院长,张席禔是一位老教授,后来也曾担任副院长。院务委员会共31人,其中党政干部8人,包括党委书记(院长)、副书记(副院长)、组织部部长、团委书记、总务处长等;老教授17人,在委员会中超过半数,他们当中有院长助理、系主任、教研室主任,包括好几位既有学问又有威望的大师级人物;青年教师代表3人,其中有一位是专业教研室的党支部书记;另有学生代表2人(图1)。

图1 1959年高元贵院长(右1)主持北京地质学院第一届院务委员会会议。右2肖英副院长,右3袁见齐教授,右4池际尚教授,左1袁复礼教授

从委员会的人员组成来看,一方面保证了党的领导核心,另一方面保证了大师级教授们的智慧对学校工作的影响,这是十分重要的。这样在讨论学校建设和发展的重大问题时,就可以集思广益,作出较为科学合理、切合实际的决策。从院务委员会的人员组成,就可以看出高院长高超的领导水平。

学校党委当时形成了一项制度,每年春节时,党委都会邀请民主党派的代表人物和老教授举办春节慰问座谈会,在会上听取大家的意见,对大家表示春节慰问和祝福。其中特别要提到的是在1961年,当时国家正处于三年困难时期,粮食不足,1961年是最困难的一年。就在这一年,学校党委仍然举行民主党派与老教授的座谈会,高院长在会上听取了意见与建议,与大家坦诚交流。这同样反映了高院长在困难时刻能团结各方人士、凝聚共识、共克时艰的领导作风(图2)。

二、亲自抓师资队伍建设与学哲学

师资队伍建设是办好学校最重要的基础工作。高院长在师资队伍建设上花大力气做了很多卓有成效的工作。他始终强调教师不仅要教学,还要搞科研,亲自组织并推动教师搞科研。他强调要编写切

图 2　1961 年春节，学校党委举行春节老教师新春座谈会，高元贵院长代表学校党委向老教授们表示慰问和祝福

合中国实际的高水平教材。新中国成立初期，中国全面学习苏联，教材多从苏联教材翻译过来。高院长特别强调要结合中国实际编写自己的教材。那几年里，各个学科都结合中国实际，吸取苏联与英美教材的优点，编写出了自己的教材。这些教材一直沿用了很长时间，虽然后来经过了多次修改，但依然是以当时首编的教材为蓝本，这些教材中有多部（包括我们岩石学科由池际尚教授主编的《岩浆岩岩石学》教材）被评为国家级或部级的优秀教材。大规模地编写教材使各学科骨干教师的知识结构和学术水平都得到了很大的提升。

他强调认真抓好教学，在教学实践中提高师资的教学能力；教研室里一定要以老带新，采取了很多措施以加强对青年教师的培养，如集体备课、试讲，教研室每周开一次教学方法研讨会，建立在职研究生制度等；制定并实行随堂听课制度，规定各系和教研室领导要听课，党政领导干部也要听课，高元贵院长亲自实践，经常听课。这项制度对促进和激励广大教师认真备好讲好每一堂课起了极大的推动作用。

高院长重视教师师德师风的培养。倡导全校教师学习辩证唯物主义哲学,培育辩证唯物主义的世界观与方法论。当时每个星期六上午,高院长都会亲自给教师讲哲学课,凡是没有课的教师都会去听。上课地点是当时的教工活动中心(教工之家),类似于一个小礼堂。以我亲自参加听课的时间算,这种讲课至少持续了一年。我印象特别深的一个细节,是高院长每次讲哲学课时,并不拿讲稿,而是拿几张读书卡片,卡片上写的应是讲授内容的提纲或者案例。他用通俗易懂的语言,深入浅出地把辩证唯物主义哲学的对立统一、质量互变和否定之否定三大规律讲清楚。大家对这些哲学课非常感兴趣,每次听课都座无虚席。我曾经作过比较。我本科时也听过政治老师讲哲学课,读在职研究生时也跟着政治老师学习过恩格斯的《自然辩证法》,那时候我觉得有的老师讲课枯燥乏味,跟高院长所讲的哲学课完全不一样。高院长讲的哲学课可以引起我们很大的兴趣,我们能听得懂、听进去,收获很大。高院长在推动全校教师学哲学的同时,还特别注意对老教授们进行哲学辅导,其用心非常细致精到。

三、密切联系群众的典范"高老夫子"

高院长是密切联系群众的典范,这一点有两件事可以佐证。

第一件事,每天中午 11 点半到 12 点半为教职工午餐时间,当时学院中青年教职工大约 300 人,基本都在教工之家吃中饭。接近 12 点,高院长会走进吃饭的教职工中,跟来自各个科系的人聊天,问大家一些问题,比如对于学校的工作有什么意见与建议,与大家沟通交流。这是雷打不动的,几乎每天如此。他与普通职工聊完天后,等到吃饭的人渐渐少了,就会到舞台左侧的小食堂(住在城里的几位老教授的用餐地点)与老教授们一起吃饭,同样与大家边吃边聊,听取意见,沟通交流。他常说:"我一天听不到大家的意见,就睡不好觉。"可见,他做工作始终坚持密切联系群众的理念。

第二件事,每年毕业典礼结束后有一个照相环节,高院长会花大约两小时的时间,与各个系、各个班级的同学进行合影留念。当时共5个系,每年毕业生约1000人,高院长会先与全系的学生合影,再与不同班级合影(图3、图4)。

图3 高院长(二排左19)和池际尚教授(二排左18)等院、系领导和部分教师与地质系65届全体毕业生合影(叶德隆提供)

图4 高元贵院长(左9)和池际尚教授(左7)等院、系领导和部分教师(前排)与地质系岩石矿物学专业65届全体毕业生合影(叶德隆提供)

由于高院长始终在群众中,一点架子没有,大家对他说话也很随意。一些年轻教职工给他起了一个"高老夫子"的雅号,他后来知道了也笑了笑乐于接受。

四、"文化大革命"期间在教学改革方面继续发挥核心作用

1968年下半年,中央要求学校复课,革命委员会下成立教改领导小组,高院长和我都是教改领导小组成员。有一次小组开会讨论"复课闹革命"的各项具体工作。由于两三年没有上课了,一旦上课,各项工作都要跟上。高院长在教改小组会上发言,对室内教学、野外教学、实习基地教学等都发表了具体意见,问题在哪里,怎么解决,一项一项都谈得很具体细致,落实落细,他的这个发言给我留下了非常深的印象。高院长虽然不是组长,但实际起着核心作用。

在几次"逢十"校庆活动中,我们都会重温校史。高院长在我校工作18年,为学校的建设和发展写下了光辉的篇章,也对我国的地质高等教育事业作出了重大贡献,是一位杰出的地质教育家。

高院长勤于学习,来到学校很快就熟悉了工作环境,领导工作做得有声有色;他勇于开拓创新,开启并推进了一系列创造性的事业;他善于作为,各项工作都非常到位,有高超的领导艺术;他敢于担当,凡事从实际出发,力争获得更好的结果。

虽然高院长已经离开我们30年了,但我现在回想起他的音容笑貌,仍然非常清晰,就像昨天一样,我们这些退休多年的老教职工,始终怀念高院长。

 作者简介

叶德隆,男,1936年10月出生,1956年考入北京地质学院地质测量与找矿系,1960年毕业于岩石矿物学专业,曾任岩石教研室党支部

书记和教研室主任,中国地质大学(武汉)地球科学学院退休教授。

（特别鸣谢：本人因故未能亲自撰文,本文由教育研究院的研究生韩慧敏访谈,根据口述记录精心整理成文,特此表示诚挚的谢意。）

第二篇
教坛耕耘育英才

老院长高元贵高等教育思想及办学实践

余桂红　刘秀红

高元贵(1908—1993)，中国共产党党员，中国大学①"一二·九"运动的主要学生领导人之一，曾任北京地质学院院长兼党委第一书记，湖北地质学院、武汉地质学院党委书记。抗日战争时期，高元贵坚持真理、追求正义，在学生中开展爱国运动，积极投身教育挽救民族危亡的各项活动中。

1958年，高元贵奉调担任北京地质勘探学院②院长兼党委第一书记，由此迈进了兴办高等地质教育的新阵地，后来学校南迁湖北。1972年12月，湖北省委同意学院成立临时党委，高元贵被任命为学院临时党委书记和革命委员会主任，负责学院南迁建校事务，并于1974年领导创建武汉地质学院，1976年正式离开武汉地质学院的领导岗位。在高元贵的办学生涯中，他坚持以"理论联系实际、实事求是办好中国自己的地质教育"为办学信条，致力于创建新时代中国单科性大学，自力更生、独立自主培养中国高等地质人才，其教育思想对当代中国高等地质教育发展与改革具有启示意义和传承价值。

一、高元贵高等教育思想的渊源

家庭教育、爱国主义精神、共产主义信仰和毛泽东思想对高元贵

---

① 孙中山等人为培养民主革命人士于1912年仿日本早稻田大学在北京创办，初名国民大学，1913年4月正式开学，1914年1月与上海吴淞中国工学合并，改称中国工学大学部，1917年改名中国大学，1949年停办。

② 1952年，中国地质工作计划委员会商教育部后，决定将北京大学、清华大学、天津大学(原北洋大学)和唐山铁道学院等院校的地质系(科)合并，组建北京地质学院。为了突出学校的工科性质，1957年1月至1958年10月学校更名为北京地质勘探学院，强调勘探工作。

高等教育思想和教育实践的形成、实施具有重大影响。

(一)家庭教育对高元贵高等教育思想和教育实践的影响

高元贵出身富裕农民家庭,幼年时,其爷爷与叔爷爷分别从事商业与农业,各司其职、齐心协力维护家族稳定与发展。其叔爷爷更是将他视如己出,在国民革命动荡时期,因多种原因,族人无法获知高元贵音信,其叔爷爷不顾个人安危,奔波上百里,几次寻找高元贵。家族从事商业与农业经营,收支增减、家庭顺遂等都离不开和平的国家环境,族人对家庭的责任、担当和爱以及衍生的家国情怀对高元贵投身抗战及其后期的高等地质教育思想和教育行为有深远影响。

7岁时,高元贵就读当地名儒高凌云开办的门馆,后分别就读长山县苑城学堂、金陵中学、山东省立第一师范学校。高元贵入学经历离不开族人对教育的重视以及对他接受教育的认可,这些对高元贵的教育实践有着潜移默化的影响。

(二)爱国主义精神对高元贵高等教育思想和教育实践的影响

高元贵求学初期,即对国家事务或时政表现出浓厚兴趣,在抗战时期,爱国主义精神成为他求学和投身社会活动的力量支柱。1935年,高元贵考入北平的中国大学国文系。作为"一二·九"运动的主要学生领导人之一,他和其他几名学生运动领导人,率领中国大学、华北大学、北平大学、法商学院、朝阳学院等高校的数千名学生,举行了声势浩大的反日示威游行。1937年10月,受党组织派遣,到山东聊城地区发展抗日工作。"爱国就要救国"的情怀和实干精神为他投身教育战线、担任北京地质勘探学院院长兼党委第一书记、主理学院事务、领导学院南迁等高等地质教育实践提供了动力。

(三)共产主义信仰对高元贵高等教育思想和教育实践的影响

1928年春,高元贵就读山东省立第一师范学校,接触到一些进步

报刊,被其中的共产主义思想吸引,积极投身革命。1928年8月,高元贵受共青团山东省委派遣,秘密到淄博矿区负责发展共青团的工作,组织成立了共青团淄川矿区支部委员会,发动群众运动。在此过程中,高元贵更加清楚地认识到共产主义的先进性,积极向党组织靠拢。1936年,高元贵加入中国共产党。此后,大公无私和革命乐观主义、解放全人类、最终实现共产主义的人生观贯穿在高元贵的工作与生活中,并影响了高元贵的高等地质教育思想和教育实践。

(四)毛泽东思想对高元贵高等教育思想和教育实践的影响

高元贵充分肯定了毛泽东思想的先进性,他指出:"毛泽东同志在教育工作方面的理论和指示是十分丰富和正确的。从教育工作的方针到贯彻执行过程中的根本问题、知识分子改造、学习方法、教学方法等,有一套完整的理论……以毛泽东思想作统帅,指导自己的教学、科学研究、生产工作和学习。学习毛泽东思想,一方面应该认真学习社会主义、共产主义教育课程和四门政治课;另一方面应该坚持搞好自学小组的学习,同时应该努力把辩证唯物主义贯彻到每一个学科中去。"在深入领会毛泽东思想的基础上,高元贵一直将毛泽东思想忠实贯彻到办学实践中,要求学校师生员工"高举毛泽东思想红旗,为建设共产主义的地质学院而奋斗"。

二、高元贵的宏观高等教育思想

1958年,高元贵奉调担任北京地质学院院长兼党委第一书记,从经济领域转投教育战线,在其18年的办学实践中,坚持党对高等地质教育的全面领导,树立高等地质教育人才培养目标、服务国家战略需求是其最核心的办学思想。

(一)坚持党对高等地质教育的全面领导

1. 严格执行"政治挂帅,教育必须由党来领导"政策

在办学实践中,高元贵始终强调高校必须坚持"党委领导",教育必须由党来领导,党是教学和科学研究的领导核心,没有党的领导就不会有全面丰收;党的领导、政治挂帅是一切工作胜利的根本保证,党能不能领导教育是无产阶级政治能不能领导业务的问题,也是教育事业是否为社会主义革命和社会主义建设服务的问题。高元贵指出,为了今后更好地贯彻执行党的总路线和教育方针,进一步巩固党的领导权,必须不断加强"学习马列主义毛泽东著作""加强党对工会青年团的领导",同时,"在参加生产中一定服从当地党政领导,政治挂帅,以虚带实"。

2. 贯彻"教育为政治服务,教育与劳动相结合"方针

1958年9月,党中央提出"教育为无产阶级政治服务,教育与生产劳动相结合"方针。高元贵认为这是实现培养"有社会主义觉悟的、有文化的劳动者"唯一正确的方针,并指导北京地质勘探学院师生员工对此进行了深入的学习和讨论。在指导过程中,高元贵要求师生员工坚决地执行中央关于"三勤"(勤工俭学、勤俭办学、勤俭办生产)、"四结合"(教育和生产结合、理论和实践结合、脑力劳动和体力劳动结合、知识分子和工农群众结合)的指示,在执行过程中,师生员工认识到教育为无产阶级政治服务的巨大理论的实践意义,克服了过去关门办学的倾向,发挥了高等学校的科学技术力量,把北京地质勘探学院建设成了以教育为主的教学、生产劳动、科学研究相结合基地,为地质科学的发展作出了一定的贡献。

3. 践行群众路线

高元贵赞扬"毛泽东同志的群众路线思想是最彻底的历史唯物主义思想",并肯定"教育工作必须贯彻群众路线"。为执行群众路线,高元贵在学院宣讲敢想、敢说、敢干的共产主义风格,鼓励"广大师生走出校门走向社会""很好地发挥吃苦耐劳的精神,和群众打成一片""到地方后特别要注意少数民族的风俗习惯",并指出:"正由于在各项工作中都采用了群众路线的工作方法,才有效调动了师生职工的工作积极性和责任感。大家把办好地质学院作为自己的光荣职责,通过这一系列的工作,在党委领导下充分发动群众来办好学校的思想,才比较广泛地树立了起来。总结群众的经验,把工作推向新的高潮,一浪赶一浪地前进。"

(二)树立高等地质教育人才培养目标,服务国家战略需求

新中国成立初期,国家经济建设迫切需要地质工作提供最基础的工业原料。在优先发展重工业的背景下,以煤炭资源勘查为代表的地质勘查工作摆在了基础性、先行性的地位。矿产资源紧缺,"开发矿业"成为毛泽东和党中央关心的头等大事——"地质勘探工作是目前我们在实行计划经济建设中工作最薄弱的一环,各地均应注意并加强这一工作"。1952年11月,党中央和国务院提出"地质工作要大发展"的方针,确定中央人民政府地质部①担负新矿山的地质勘探、地质普查及全国地质矿产资料的汇交和地质工作登记等职责。1953年,中国国民经济第一个五年(以下简称"一五")计划颁布施行,该计划要求

---

① 1952年8月7日成立,李四光为部长,何长工为党组书记。1954年,中央人民政府地质部更名为"中华人民共和国地质部",并在六大行政区设立地质局。1970年6月,地质部被撤销,并入国家计委,更名为国家计划革命委员会。1975年,国家地质总局设立,孙大光任局长。1979年,地质部恢复。1982年,改为地质矿产部。1998年,地矿部撤销,设立国土资源部。2018年,改名为自然资源部

地质工作"集中力量支持国民经济建设"。1956年初，毛泽东同志提出"地质工作搞不好，一马挡路，万马不能前行"的地质先行理念。实施该理念，需要大量的地质人才（地质工作者）。但是当时的地质工作者紧缺，1952年底，地质部门调集和培训的技术人员仅1000多人，离至"一五"末期（1957年）技术力量要发展到1.9万人的计划还相距甚远，社会急需大量的地质学家、专业地质工作者、科研人员到野外勘探考察工作的一线，投入矿产资源的勘探中。

在此背景下，从"把社会主义尽快地建成"的战略需要出发，高元贵一再鼓励学生"在鼓足干劲、力争上游、多快好省地建设社会主义总路线照耀下""在社会主义大学里鼓足干劲，继续顽强地学习与劳动，把自己锻炼成有社会主义觉悟、有文化的劳动者，做一名出色的地质勘探工作者，为祖国高速度建设社会主义建立功勋"。在学院艰苦的南迁期间，高元贵始终坚持"边迁校建校，边在北京原址招生上课，尽快为国家培养地质干部"，并将此建议与其他几位学院临时党委委员一起呈递给周恩来总理，同时也将此建议上报给湖北省委、国务院科教组和国家计委地质局。1975年，高元贵在全院教职工大会上，再次在动员报告中提到："国民经济要大上快上，地质工作就要首先上去，我们就要尽快地大量培养地质干部。现在的问题是我们如何迎头赶上去，如何迅速改变我们学院工作落后于形势的局面，如何迅速赶上人民前进的步伐，如何才能尽快地把学校建好，为国家大量培养地质人才。"从进入高等地质教育战线起，高元贵从服务国家经济建设的战略出发，明确树立了高等地质学院培养国家需要的地质人才（包括地质勘探工作者、地质干部、地质工作者）的教育目标。

三、高元贵的办学思想与实践

在以上高等教育思想的指导下，高元贵从教学、科研、人才等各方面进行了艰苦的大学办学实践探索。

（一）顾全大局，领导全校教职员工艰难创办武汉地质学院

20世纪60年代，为了尽快改善我国工业生产不合理的布局，党和国家作出了进行三线建设①的重大战略决策，提出部分高校迁至三线，北京地质学院属于外迁办校的大学之一，外迁选址成为迫切需要解决的问题。学院经过多次实地考察陕、甘、豫、赣、湘、鄂等地，最终选定湖北江陵为新校址。在1970年下半年，学院由北京迁至湖北省江陵县。当时，由于受到"文化大革命"的影响，学校正常的办学秩序遭到严重冲击。1972年底，湖北省委从教育需要出发，任命高元贵为湖北地质学院临时党委书记兼革命委员会主任，高元贵不顾恶劣的外部环境与错综复杂的学院内部关系，从党和国家的根本利益以及学院发展的角度出发，担负起学院南迁建设重任。

到任后，高元贵带领学校领导班子就江陵建校条件的问题开展走访调研，后指出：江陵地区交通不便，地质条件难以满足地质实习需求，极大影响教学质量，且教职工及家属在江陵的居住环境异常艰苦，江陵地区不适宜作为学院南迁选址之地。

在调研、总结学院南迁及建设的经验教训的基础上，高元贵阐述了新的南迁校址应当满足地质、交通、文化、生活、工业等条件，且向上级请求重新选址，该请求最终获得国务院的许可，湖北省委提出"除武

---

① 在20世纪60—70年代，中国以加强国防为中心的战略大后方建设，是国防建设和国家经济建设的重要组成部分，是中国经济史上一次极大规模工业迁移过程。20世纪60年代初，中共中央根据我国各地区战略位置的不同，将其分为一、二、三线。一线是沿海和边疆的省市区；二线是介于一、三线地区的省市区；三线包括京广线以西、甘肃省乌鞘岭以东和山西省雁门关以南、贵州南岭以北的广大地区，具体包括四川省、云南省、贵州省、青海省和陕西省的全部，山西省、甘肃省、宁夏回族自治区的大部分和豫西、鄂西、湘西、冀西、桂西北、粤北等地区。三线建设包括大三线和小三线建设。大三线建设是我国国家战略后方基地的建设，是三线建设的主要部分，建设内容是建立以国防工业和基础工业为主体，包括交通运输、邮电通信的我国国家战略后方基地的建设，三线建设的主要部分是燃料动力和农业、轻工业在内的国家战略后方基地。小三线建设是指在各省、自治区、直辖市的战略后方地区建立以迫击炮、火箭筒、无坐力炮、步枪、机枪、冲锋枪及其弹药和地雷、手榴弹等轻武器生产厂为主，包括为武器生产配套的工业、交通运输业和邮电通信等在内的地区后方基地。主要满足地区自卫战中地方部队和民兵作战需要，也为野战部队提供武器弹药。

汉市以外"的选址范围要求。于是,高元贵带领选址小组在京广铁路沿线及鄂东地区进行了半年多的考察。经过对湖北省内多个地区的认真勘探考察,并考虑到学校日后的发展,高元贵带领选址小组向上级有关部门汇报,认为除武汉市外,其他地区均不适宜建设和发展地质学院。在上级领导的理解、支持以及高元贵的多方奔走下,1974年7月,学校在武汉建校的诉求最终得到了湖北省委的正式批准,并最终定址武汉市洪山区来旺山(南望山)下。1974年12月28日,学校更名为武汉地质学院。1975年初,学院临时党委和院级领导机构由北京迁至武汉办公。为了能更好地动员教职工南迁,高元贵以身作则,率先将自己的户口迁至武汉,并诚勉全校教职工:"我们许多干部是从战争中过来的,是在战场上拼过命的。现在仍然需要这种革命精神,用这种精神对待迁校、对待工作。在个人利益和党的利益发生矛盾的时候,应无条件地服从党的利益,顾全大局,而决不能讨价还价。"在他的领导及武汉多所兄弟院校的帮助下,1975年初,武汉地质学院恢复招生,开辟了中国地质大学南北办学的新局面。

(二)礼贤下士,尊重人才,关注教师实现职业价值

高元贵认为:要办好高等学校、为祖国培养出优秀的社会主义建设人才,必须建立一支基础扎实、作风良好、素质较高、乐于奉献的教师队伍。

1. 坚持人才培养是办好学院的关键

1958年高元贵就职北京地质学院后,与教师座谈,了解学校教师情况。1958—1976年,不少教师被戴上"资产阶级知识分子"的帽子"就地劳动改造"、受批判。在这非常时期,高元贵一方面向教师传达贯彻党中央关于教育和知识分子工作的一系列会议精神,另一方面坚持人才是办好学院的关键,秉持实事求是的原则,在政治、品行、学术

能力上坚决信任学院教师,有礼有节地鼓励教师在特殊时期以更积极的心态面对困难,对专业精深、品德优秀、年富力强、敢于担当的教师委以重任。例如,王鸿祯曾在反右派斗争中遭受批判、降级、撤职处分,工作积极性受到严重打击,高元贵多次与他促膝长谈,并聘请他担任自己的教学科研工作顾问,列席院务委员会,指导周口店实习基地的教学改革等。

20世纪60年代初期,高元贵在学校认真贯彻"高教六十条"和"广州会议"精神后提出:"要调动广大教师的积极性,争取一切可以争取的教授、讲师、助教等其他知识分子为社会主义教育事业服务,同时又要帮助他们不断地取得进步"。他特别强调,一定要按照知识分子的特点深入细致地做好教师的思想工作,而不能采用简单粗暴的"运动式"的工作方法。由此,他倡导人人都要学一点哲学,亲自组织老教师在自愿的原则下学习哲学,并经常给予他们辅导,帮助他们通过学习和自身的业务实践来树立正确的世界观和方法论。

2. 充分发扬民主,集中大家的智慧治教

学校于1959年成立第一届院务委员会,委员由老、中、青教师代表和部分党政干部担任,高元贵任主席,学校的重大决策都提交院务委员会讨论,委员们在会上都能充分发表意见,积极参与学校的管理。他还注意发挥几位副院长和院长助理的作用,经常听取他们对分管工作的意见,充分尊重和支持他们的工作,使他们有职有权。他经常深入各系,听取系主任(多数是老教授)的意见,支持他们的工作,帮助他们解决各种问题。

3. 关心青年教师的学术能力提升

在高元贵的领导下,学校专门制定了师资培养规划,将青年教师推到教学和科研的第一线工作,创造各种条件来帮助青年教师进修提

高。高元贵鼓励青年教师将书本知识与实践知识相结合,"青年教师原来所掌握的知识,多是书本知识,这些知识固然是不可缺少的,是必要的,但是这些知识对他们自己来说,毕竟是别人的经验,还没有经过实践,因而是带有片面性的知识。通过生产实践,使理论与实际结合,检查了自己所学的理论,成为自觉的知识"。同时,他重视老教师和青年教师的关系问题,专门组织调研组深入教研室调查研究,提出了要安排青年教师成为老教师的固定助手,在协助老教师工作的同时认真地向老教师学习;要求老教师关心培养青年教师,做好传、帮、带的工作;使教研室成为一个青年教师尊重老教师、虚心向老教师学习,老教师关心青年教师,帮助他们尽快成长的团结进取的集体。

正是由于高院长坚决落实党的知识分子政策,对教师在政治上信任、在思想上关心、在工作上依靠、在生活上照顾、在业务上培养,学校形成了一支有很强凝聚力的高素质的师资队伍,这支队伍经受住了"文化大革命"和迁校动荡的考验,保持了基本稳定,绝大部分没有流失,为学校此后 20 年的发展奠定了重要基础。

(三)坚持质量立校,推行本科教学改革

高元贵深知学校担负着为祖国培养地质人才的重任,以"理论联系实际、实事求是办好中国自己的地质教育"为办学信条,坚持质量立校,稳扎稳打做好学校的教学工作。

1. 组织教学大辩论

为提高教学质量,更好地实现人才培养目标,1958 年,高元贵提出,"在完成生产任务基础上,势必提出一次教学大辩论,彻底实行教学大改革","教学改革必须大力贯彻执行建设社会主义的总路线……党的教育方针,同时还要考虑到我国由社会主义向共产主义过渡的远景……遵循下列各项原则:培养多面手与攻克尖端科学相结合,

以及普及与提高相结合,并以提高为主;教学应是多、快、好、省,而不是少、慢、差、费;教学方式低年级以讲课为主,辅以讨论,高年级应以看参考书、做实验、进行生产实践为主,辅以专题讲学。在专业与专门化设置上,理科与工科相结合,但重点放在工科上。在课程教材的内容安排上,要生产知识、操作与理论并重;在教学管理上,要实行党委领导下的'党委、教师、学生'三结合"。在此依据下,高元贵提出了应围绕以下问题进行教学大辩论:如何加强基础理论、基本知识、基本技能的"三基"训练;如何改革学制(是否五年制改为四年制,半年校内教学,半年野外教学,并实行二部制);普查系是否有存在的必要;能否增减、合并一些系和专业;新的教学计划、教学大纲及教材是否克服了过去理论脱离实际的问题;教学方法及学习方法的改革是否打破过去先生讲、学生听的框框;教研室是按课程还是按专业设立,教学研究组织到底应该怎样设立等。

2. 重视教学实习和生产实习

高元贵特别重视教学实习和生产实习,他指出,地质学的最大实验室就在野外。为了提高实习质量,他先后考察南口、密云、周口店等教学实习基地,并到秦岭、甘肃、内蒙古、山西、河北、山东等地的野外地质队和矿山了解师生实习情况。

3. 推进教学设备建设

高元贵指出,为了攻克尖端科学技术,必须要有相当的教学设备保障,"设备除购置外,提倡用技术革新和土办法改装、自制,并力促仪器工厂早日投入生产",他鼓励学校教研室建设"地质宫""构造馆""矿物园地"等陈列室、展览室以及其他的实验室,促进教学质量提升。

4. 结合我国特殊时期的生产与实际建设教材

高元贵特别强调,我们的专业教材都是翻译苏联的教本或苏联专家的讲稿,内容多是国外的,学习苏联要注意结合中国实际,不可盲目照搬,在向苏联专家学习的基础上,要结合我国地质工作的特点和实际需要。为此,他组织教师编写了一批我国自己的地质专业课程教材。经过几年的建设,学校教材中已经增加了国内新的理论与技术成就的介绍。

5. 改革考试制度

针对当时学校考试中"有的教师思想还未解放,还想多方限制,名义上开卷,实质上闭卷,多出题,出难题,使学生根本没时间看书,……没有改变教师与学生的对立状态"以及师生考试舞弊、不能很好地鉴定学生教学效果的问题,高元贵强调,正确的考试制度,应促进师生合作,使二者毫无戒心,共同搞好考试。应当使学生喜欢考试,通过考试真正有所提高。这样才能使学生不过分紧张,促进学生在德智体几方面健康发展。在此指导下,学校对考试方式、内容等进行了改革。

6. 建立新型的师生关系

高元贵从时代需要出发,指出学校需要加强马列主义教育,进一步树立民主、平等、团结、合作和尊师爱生的新型的师生关系。建立这种新型的师生关系,需要教师"经常和学生打成一片,了解学生的学习状态,分析研究学生的思想情况,及时解决学生思想上学习上的问题,发挥教师的主导作用,做到对学生全面负责,克服教书不教人的资产阶级教学观点",从而"真正达到教学相长",提升教学质量。

(四)重视科研,推动技术革新

高元贵转战教育战线后,就明确指出发展科研对学校育人的重要性,"高校对学生的培养不仅要使学生掌握基本理论知识,还要使其具备一定的实际操作能力和科研能力,为以后完成科研任务打下基础,并能更好地适应毕业后社会相关领域的发展需要",要求学校"高举毛泽东思想红旗,实现以科学研究、技术革新、技术革命为中心的全面跃进"。即使在艰难的学院南迁中,高元贵始终要求教师"走出去,找主管部委要科研任务,要经费开展科学研究,提升科学研究能力",以促进学术能力提升和学校发展。

1. 指明师生科研方针、原则和目标

高元贵指出,在科学研究方面应该贯彻"立大志、下决心、鼓干劲、登高峰"的方针,必须坚持"从思想上打破了各种资产阶级的条条框框的束缚,破除各种外国习惯、传统迷信;不计报酬,不讲条件,全心全意做人民的勤务员;百折不挠,克服困难;坚持集体主义,发扬共产主义大协作的精神"等原则,以及"力争在一个相当时期内,使我院成为全国地质科学的研究中心之一,并且做到国外所有的尖端学科我们都要有,国外没有的我们也要有"的科研目标。

2. 号召攻克尖端科学技术,坚持三结合,推动学校科研发展

针对当时学校科研比其他高等院校落后很多的情况,高元贵提出集中时段,从攻克尖端科学技术入手,推动学校科研跨步发展的策略。在此策略下,需要"推广'小土群'经验与自上而下布置尖端项目相结合""根据全校'一盘棋'的精神,要紧紧抓住(生产、教学、科研)三结合,并且以三结合为中心,带动全院各方面工作同时并进""出野外应注意到在完成任务的同时,还要保证攻尖端科研项目的进行;应使全校师生都能了解全校的重大科研项目;应保持部分高年级同学及教师的力量,紧密结合生产,有目的地进行资料的收集、综合分析和加工",以更好地推动学校科研发展。

3. 注重与兄弟院校科研合作与经验交流

从比较与借鉴角度出发,高元贵认为,寻找机会与兄弟院校建立

科研合作关系以及学习他们先进的科研经验,挑选适合教学、科研,且又需要我们去的省、区、市等地,签订长期合同,长期进行合作研究。与全国兄弟院校及科学研究机构保持密切联系,经常交换师资信息,并虚心学习他们的先进经验,逐步使我院科研资料更加完备,满足全国性工作的需要,对弥补我校科研不足、促进学校科研发展具有非常重要的作用。

在高元贵的领导下,学校在科学研究与技术革新方面取得长足进步,两年(1958—1959年)来撰写了大批科研论文,仅1959年所写的科研论文数是1952年到1958年撰写论文总数的1.8倍,各个学科(尤其是对各种矿产成矿规律的研究与勘探技术的研究)的理论研究水平都有显著提高。1960年,全校掀起了群众性科研浪潮。当时,北京地质学院大学生参与科学研究活动的人数在北京市的大专院校中名列前茅。

(五)知行结合,强调"五育并举"

高元贵诫勉师生"既要积极参加社会主义教育课,又要积极参加各项义务劳动,既要有正规的生活,又要安排好文娱体育活动",知行结合,五育并举。

在德育方面,高元贵十分重视"红专问题",他指出:红与专是对立统一的,"红"起着决定作用;同时,爱国主义、集体主义是大学生必须具备的品质。为此,他要求学生加强政治学习,自觉树立全心全意为人民服务的思想,在政治上不断进步。在高元贵的领导下,学校积极响应毛主席"大学生要下连当兵"的教导,在首都高校中率先组织大学生进行军事训练,让学生们切身体会到了部队官兵艰苦奋斗的精神,培养了学生的爱国主义和集体主义品质;同时,学校邀请有关部门领导来校作形势政策报告,对学生进行时事政策教育。

在智育方面,高元贵针对野外生产时间过多、理论教学不足的情

况,他指出,只有搞好理论教学才能更好地提升教学质量,要确保学生每年有8个月的理论学习时间,号召学生戒骄戒躁、深入刻苦钻研、认真读书,培养学生运用理论解决实际问题的能力。如他坐镇电工电子实验室,与教师研究如何通过实验课培养学生的操作和维修能力。

高元贵高度重视学校的体育工作。地质、勘探等专业需要对学生进行野外实践教学,这对学生的体魄、意志力提出了更高的要求。在高元贵的领导下,学校鼓励体育教师结合地质专业特点,大胆探索,加强体育锻炼。如学校开展独具地质特色的登山、攀岩等,至今仍是学校有影响力的优势体育活动项目。

在高元贵的领导下,学校积极开展文化艺术教育。如在20世纪60年代,师生演出的话剧《年青的一代》在首都高校中轰动一时,成为对高校学生进行革命传统教育的生动题材,之后还被改编为同名电影。这些文体活动在锻炼学生的意志和体质、提高学生知识素养和文化素养方面发挥着不可替代的作用。

此外,为帮助学生树立正确的劳动观,培养他们吃苦耐劳的精神和艰苦朴素的工作作风,高元贵强调教育要与生产劳动相结合,须对学生进行劳动教育。他号召全体师生向雷锋同志学习,带领全校师生动手,一砖一瓦建设学校,在劳动中培养师生爱党、爱国、爱校情感以及艰苦奋斗、团队合作的精神。

(六)开拓创新,终身学习,与时俱进

终身教育贯穿生命发展的全过程,与终身学习理念相辅相成,渗透于工作、生活的各个方面,使个体更好地适应社会而不断学习。高元贵就读中国大学时涉足国文,毕业后先后任职于武汉物资接管处、中原临时政府工业部、中南财经委员会、中南建筑工程局、中央建筑工程部,从事经济管理和工程管理,其间认真研读马克思主义哲学;1958年后从事地质教育工作,根据身份、职位的不同,开拓创新,以身作则,践

行终身学习理念。为更好开展工作,他经常深入教研室,主动向其他教师求教;在实习站蹲点学习,白天与师生穿山越岭、晚上掌灯讨论研究问题;近花甲之年仍跋山涉水考察野外地质队、矿山,总结野外实习经验。64岁受命负责学院南迁选址,此后的4年,在当时吃、穿、住、用、行异常艰苦的环境下,他仍居地质一线,始终保持与时俱进的学习状态;离休后,他依然持续、高效地学习地质知识,保障相关学习进程得以持续。

在办学过程中,高元贵向他人分享自己的终身学习经验,鼓励师生员工:思考高等地质教育的未来走向,立足工作或生活实际,始终保持积极乐观的学习态度查找和提取关键信息、知识加以记录和学习,合理分配时间,借鉴他人的优秀成果,理性排除当时外在环境的干扰因素,探寻解决高等地质教育问题的路径,保持对地质教育学习的热情,养成终身学习的习惯。

四、结　语

杰出的学校领导者是大学办学中的灵魂人物。纵观国内外大学发展史,大学的创建、发展需要一位或多位德才兼备领导者的贡献,这些领导者对教育理念、人才培养目标、教学改革、科研服务、师资配备等多方面进行了精心的布局和谋划,为未来办学指明了发展方向。作为实施学院南迁的关键领导,高元贵在办学中所体现出的"中国共产党人艰苦奋斗、牺牲奉献、开拓进取的伟大品格"以及务实细致的工作作风、高尚的人格魅力已经内化为地大人的精神财富。

高元贵高等教育思想和教育实践,与时代紧密相连,又超出时代本身。他坚定共产主义信仰,恪守"理论联系实际、实事求是办好中国自己的地质教育"的办学信条,始终扎根中华大地,坚持"用我们自己的头脑进行思考",艰苦奋斗。他无私的共产党人情怀、敢为人先的奉献精神、不畏万难的责任和担当、贴近时代的教育决策等成为当今办学的传统。在他领导下,学校确立的"刻苦钻研、实事求是、艰苦朴素、严肃活泼"校风激励新时代地质人"艰苦朴素、求真务实",循着"坚持党的领导、加快建设地球科学领域世界知名大学"目标而奋斗。

致　谢

文中的部分史料来自于王鸿祯、叶大年、刘庆生以及中国地质大学图书档案与文博部、校史馆的有关高元贵的论述和档案;同时,笔者也受到赵鹏大、张锦高、杨巍然、赵克让、姚书振、丁振国、傅安洲、范永香、邵锡昌、叶德隆、盛宏模、陈安民、洪昌松、马振东等学者口述的有关高元贵的事迹的启发。在此一并感谢!

 作者简介

余桂红、刘秀红分别为中国地质大学(武汉)教育研究院教师、研究生。

缅怀敬佩的高元贵院长

王亨君

当全国上下庆贺中国共产党第二十次全国代表大会胜利召开之际,我们迎来中国地质大学70华诞。七秩荣光,逐梦未来,我作为一名地大人,亲眼见证了母校70年风雨兼程,见证了一代代"地质人"呕心沥血,披荆斩棘,砥砺前行。从1952建立北京地质学院,此后历经湖北地质学院、武汉地质学院时期,到1987年中国地质大学正式组建。历史真实记载着奉献者的故事,永远不会被忘记。

今天我们缅怀的是一位老革命家,他经过"一二·九"运动的洗礼,他走过冀鲁豫满目疮痍的大地,他也是一位伟大的教育家,他为我们的母校无私奉献18年,带领全院师生员工迎来了北京地质学院的辉煌,他就是我们的老院长高元贵。

1961—1966年,我在北京地质学院学习,正是高元贵担任北京地质学院院长兼党委第一书记,我曾多次在北京地质学院礼堂聆听他的报告,在高院长身上,我看到了他献身教育、虚心学习、积极探索、勇于改革、无私奉献的精神。他讲述了在山东从事革命工作的艰难历程中,如何克服种种困难,坚定爱国主义的信念,以敢于斗争、无所畏惧的革命精神,为党、为国家尽职尽责。他教导我们要磨炼自己,成为"又红又专"的地质人才。这些教导一直深深地影响着我,让我在工作中能坚持原则、坚持实事求是;在学习上,刻苦钻研,努力掌握地质知识;在生活上,艰苦朴素,严于律己。

一、重视艰苦奋斗、爱国主义、集体主义精神的培养

高院长倡导"刻苦钻研,实事求是,艰苦朴素,严肃活泼"的校风,

坚决执行德智体全面发展的教育方针，号召我们要做一个有社会主义觉悟，有文化的劳动者，把课本所学知识用于实践。1963年，我们水文系51614班全体同学参加"社会主义教育"运动，到北京市房山县与农民同吃、同住、同劳动。不仅接受了思想政治教育，还磨炼了意志。我们在割麦子时手上磨起了水泡，摘棉花时扎破了双手，挑水时磨肿了肩膀，对于我这个从小在城市长大的孩子来说，这些农活实在辛苦，自己也曾委屈得红了眼眶。但是在老乡家吃派饭①时看到农民生活的艰苦，我深深体会到农民脱贫的重要性，倍感身上的压力和责任重大。我一定要努力学习，为建设地质强国，为改变农村的贫困面貌，为祖国的繁荣富强作出贡献。

二、理论联系实际，加强基本理论、基本知识、基本技能训练

1958年，高院长调到北京地质学院后，十分强调和鼓励积极探索、大胆改革。非常重视教学实习和生产实习这两个校外实践性教学环节，在教学内容上他大力提倡做到"少而精"，在教学方法上实行"启发式"，全面推进学校教学领域的改革。高院长教导我们要理论联系实际，要加强基本理论、基本知识、基本技能的训练。在五年大学生活中，我学习了数学、物理、化学等基础理论课程和矿物学、岩石学、古生物学、普通地质学、大地测量学等地质专业基础理论课程共计35门，参加了周口店、南口地区的教学实习和山西省晋东南的生产实习。1965年，学校将我和几位同学分配到广东省清远县653地质队（水晶矿），我们与矿山地质队工人同吃、同住、同劳动约5个月，不仅学习了野外地质工作的技能，还提升了思想政治觉悟，磨炼了意志。我亲身体验了地质工作，目睹了地质队工人的艰苦。地质行业中部分从事特

---

① 吃派饭是指干部下乡工作时不在村食堂就餐，而是分派到农户家中吃饭。这是早在20世纪五六十年代我国农村干部的一种传统用餐方法，它强调干部下乡与群众要同吃、同住、同劳动。在吃派饭时，粗茶淡饭，不喝酒，吃后要交伙食费。

殊工种的工人师傅因防护不力,患上了矽肺病,理应得到政策上的照顾,这种想法促使我日后作为人大代表在参政履职期间,撰写了关于地质行业帮扶政策方面的议案。在大学里我所学习的地质基础理论知识和野外实习的地质基本技能,为我们走上工作岗位打下了良好的基础。

三、发挥思想政治建设和文化建设的育人作用

高院长身为一院之长,没有半点架子,与全院师生员工平等相处、坦诚相见、同甘共苦、共同奋斗,成为师生员工的良师益友。他总是满腔热情地教育和帮助学生们,政治上关注学生们的思想进步,生活上给予无微不至的关怀。高院长积极推进文化建设育人的教育理念,发挥大学思想政治建设和文化建设潜移默化的育人作用,尽管国家经历了三年困难时期,学校课外活动仍然丰富多彩,学生会文化部组建了话剧团、舞蹈队、乐队等。1963年夏天,学校话剧团的同学们看到了陈耘、徐景贤创作编写的《年青的一代》剧本,这是一个关于地质专业大学生肖继业毕业后响应祖国号召到西藏艰苦创业并取得了优秀成果的故事。肖继业用实际行动帮助、教育地质学院毕业生林育生(革命的后代)和夏倩如,转变他们怕苦怕累、贪图大城市生活的错误思想,使他们坚定了地质报国的信念,一同赴大西北、祖国边疆,到祖国最需要的地方艰苦创业。这个剧本很适合北京地质学院的情况,在校领导支持下,学校请来中央戏剧学院导演都郁和人民艺术剧院、儿童剧院的专家到学院来挑演员,组织编排。我有幸作为主演,扮演夏倩如。演员敲定后,导演让我们开始体验生活并进行紧张的排练,此时我们遇到一系列困难和问题:一是国家处于恢复期,师生演员须克服生活上的困难;二是因反复排练所耽误的课程要补上来;三是演出时已入冬,天气寒冷,而我当时穿着裙子,其他演员也只穿衬衣,尽管北京地质学院大饭厅生了炉火,我们仍然冷得瑟瑟发抖。但是大家都毫

无怨言,因为学院领导非常重视,党委副书记聂克负责抓这项工作,聂书记常来看我们排练,并教导我们说:"你们演这台话剧很重要,要克服一切困难,当作政治任务来完成,一定要演好,这是一个教育千百万年轻人报效国家的大事情"。在经济十分困难的情况下,学校给我们划拨了700元钱,为我们添置了演出用的桌椅等道具。石油系熊菊华老师把她从日本带来的衣裙借给我穿并指导我们排练,给我很大鼓励。话剧《年青的一代》经半年的排练于1963年11月在北京地质学院大礼堂彩排,地质部党组书记、副部长何长工亲自到现场与学院领导一起观看了表演,并给予了充分的肯定。该剧公演后深受广大师生的喜爱,为扩大影响,先后在地质礼堂、地质探矿机械厂、北京海淀四季青人民公社和几所大学、中学进行了多场演出,引起了强烈的反响,教育了广大青年一代,对全体演员也是一次很好的受教育过程,也更加坚定了我们的信念:在今后的学习和工作中要不怕艰苦,努力学习,立志到农村去,到边疆去,到祖国最需要的地方去;在祖国需要我们的时刻,要义无反顾地奔向所需岗位。师生演员们为弘扬地质大学优秀文化艺术作出了积极贡献。1965年上海电影制片厂将《年青的一代》拍成电影,达式常、杨在葆等老演员到学校体验生活。电影《年青的一代》主题曲"勘探队员之歌"被选定为北京地质学院的校歌。

当年《年青的一代》的演员们没有辜负高院长和母校的期望,在自身的工作岗位上扎实工作,不忘初心,努力奋斗,作出自己的贡献。他们是:

郭铁鹰(主演肖继业)任中国地质大学(武汉)教授,在周口店任10年实习队长,在西藏阿里科考奋战30年。

徐德诗(主演林育生)研究员,曾担任中国地震局副司长,参加主持组建了我国第一支国家地震灾害救援队——中国国际救援队,退休后参加了中国科学院老科学家科普演讲团。

王亨君(主演夏倩如)教授:曾担任中国地质大学(武汉)期刊社社

长,《地球科学》学报主编。期间在校领导大力支持下,带领团队使期刊进入了国际检索系统《EI》《SCIE》,创建英文版 Journal of Earth Science 期刊,连续三届获得"国家期刊奖"。退休后担任中国科技期刊编辑学会地方工作委员会主任、常务理事。曾担任第九届、第十届全国人大代表,湖北省第七届政协委员,中国国民党革命委员会湖北省委副主委,在履职期间,尽职尽责,深入基层调查研究,牢记建设地质强国的目标,先后撰写了有关"关于申请地矿类艰苦专业实施重点保护措施""三峡库区固体污染防治应制定法规的提案""建议人才分配及待遇方面应向中西部倾斜""关于修改抗震法——加强紧急救援队建设"等提案,多次向省市领导争取,对中国地质大学(武汉)发展建设方面的问题给予大力支持,为国家和母校尽了一份绵薄之力。

李颖(演肖奶奶):曾任青海地质局物探队高级工程师。

陈建瑜(演妈妈)、韩吟文(演林岚):任中国地质大学(武汉)教授。

侯瑞麒(演中学生):任高级工程师。

张子玲(演姚向明)、王少甫(演父亲):任高级工程师。

四、无私无畏,敢于担当,领导迁校建校

高院长在古稀之年,不顾个人安危,不考虑个人得失,从党和国家利益出发,从学校发展大局出发,毅然挑起领导学校南迁的重担。1972年,中共湖北省委任命高院长为湖北地质学院临时党委书记和革命委员会主任。他带领选址小组在京广铁路沿线及鄂东鄂西部地区考察选址,不遗余力地向上级主管部门、湖北省委、国务院科教组、国务院地质局等部门反映情况。经反复坚持,多方奔走,据理力争才使学校分散在五地的局面得到了改变。1974年湖北省委正式批准湖北地质学院在武汉建校。1975年学校整体迁至武汉,更名为武汉地质学院。之后高院长领导全校教职员工艰难建校,提出"以只争朝夕的革命精神迅速做好迁校建校工作",号召年轻教职工服从组织分配,

振作精神，再次创业。他考虑到学校千余名教职员工外迁面临的共同交通困难，亲自与铁道部沟通，争取到一趟开往武汉的专列，以保证外迁的顺畅进行。

五、不忘初心、牢记使命，砥砺前行

1993年2月21日，85岁高龄的高院长病逝。他留给后人的不仅是一段共铸辉煌的历史、一个激荡人心的故事，更重要的是，他用一名共产党员的优秀品德言传身教，塑造了一位人民公仆的崇高形象，教育和影响了一代又一代的地质工作者。

我们今日缅怀高院长，就是要把他革命家的胆识，教育家的情怀，政治家的站位，无私无畏、敢于担当的优良作风传承下来，发扬光大。

在百年未有之大变局中，新一轮科技革命、产业革命和教育革命正在加速汇聚，推动了科技与创新驱动发展。如今在武汉这座英雄城市，中国地质大学（武汉）的师生们辛勤耕耘，艰苦奋斗，已建成教育部直属全国重点大学，是国家"211工程"、国家"双一流"建设高校，有2个国家一级重点学科、16个省部级一级重点学科、16个博士授予权一级学科点，34个硕士授予权一级学科点、69个本科专业、15个博士后流动站，为国家培养、输送了一批又一批优秀人才。

习近平总书记给山东省地矿局第六地质大队全体地质工作者的回信中，肯定了全国地质工作者不辱使命、勇于担当，特别能吃苦、特别能奉献、特别能战斗的品质，这封信不仅体现了习近平总书记对全国地质工作者的关心和信任，也体现了习近平总书记对地质矿产工作的殷切期望。我们要秉承"三光荣"精神，遇到困难敢于迎难而上，敢于提出新理论，开辟新领域，探寻新路径；弘扬艰苦奋斗的优良传统，砥砺前行。新时代的"年青一代"在以习近平同志为核心的党中央领导下，以习近平新时代中国特色社会主义思想为指导，应充分认识到"不积跬步无以至千里"，树立明确目标，脚踏实地以地质人坚韧不拔

的毅力,努力学习和工作。坚信将会有更多的地质优秀人才为祖国繁荣富强,为实现中华民族的伟大复兴作出新的贡献,谱写新的华章。

作者简介

　　王亨君,女,1942年10月出生,天津人,民革党员,1966年毕业于北京地质学院水文地质与工程地质专业,长期在本校从事科研、教学、学报编辑和编审工作,教授,曾长期担任《地球科学》主编,第九、十届全国人大代表。

往事如昨 历久难忘——怀念敬爱的高院长

胡昌铭

我在北京地质学院上学后不久,就听说我们的院长是老革命,感到惊喜,也觉得荣幸,似乎北京地质学院学生的身价也水涨船高了。

1965年,北京市高校运动会在我校举行。高元贵院长作为东道主在主席台上就座,由于离得远,看不清楚,多少有些遗憾。正巧,大会广播传来了跳高打破高校纪录的喜讯。高院长走下主席台,向跳高的沙坑走去。沙坑离我很近,机会来了!只见高院长满面笑容,伸出手向跳高运动员表示热烈的祝贺,并亲热地拍拍他的肩膀,好像在说:"好样的,祝贺你!"这次我看清了高院长的形象,个子不高,体态微瘦,戴着一副眼镜,双目炯炯有神,举止大方,既有知识分子的文雅风度,又有老革命的浩气、豪气和正气。这是我第一次近距离看到我们的高院长,很有满足感!

第二次近距离接触是在教三楼的阶梯教室开会。当时高院长传达毛主席1965年春节关于教育方面的谈话,强调改革教学方法,理论联系实际,减轻学生负担,提倡教学内容"少而精"。记得会议连续开了好几天,我作为班团支部书记参加了这些会议。在这些会议上都是高院长亲自传达,亲自讲解,亲自部署。我对"少而精"的教学非常感兴趣,但有点担心影响教学质量。最后一天散会的时候,正巧与高院长碰面,我很紧张,赶忙让路。他微笑着点头,亲切地问我是哪个班的,并问我的想法。我鼓起勇气,大胆地说出了我的担心。他点点头,告诉我:"不要担心,'少而精'就是抓住主要矛盾,是一种科学的学习方法,用得好,就会提高学习新知识的能力"。没过几天,学院学报的老师找到我,要我写一篇关于"少而精"教学要求的学习体会。由于我写作水平较差，文稿几经修改才通过。我记得最后审稿的党委宣传部的黄占秋老师语重心长地对我说，写文章首先要思想清晰，内容才清楚。如果脑袋糊涂得像一锅粥，文章自然就模糊不清。我记住了黄老师的话，在之后50多年的时间里，写作既是工作，也是业余爱好，动笔之前，想清楚了再写，往往想的时间比动笔的时间长多了。

从那以后，我记住了高院长的教导，十分关注"少而精"的学习方法。在10年的教学生涯中，我摸索出了"少而精"的教学方法，总结出了"四个一"。大意是强调"少而精"，举一反三；强调自学方法，培养自学能力；强调讨论式启发式教学；强调老师的引导作用，而不是"满堂灌"。我用这个方法在几个班进行实验，收到很好的教学效果。在座谈会上，同学们深有感触，觉得这个教学方法好，能大大地提高学生学习的主观能动性，使学习生动而有趣味。为此，我们教研室作为"少而精"教学方法的示范教研室，在全校交流，相关的教学方法和教学经验在《中国地质教育》期刊上发表。

第三次印象深刻的是在大礼堂听高院长作关于电影《早春二月》的报告。从那时起，我才知晓高院长的革命生涯，他是具有真才实学的老革命，经历过枪林弹雨和生死考验！同时也知道，像肖涧秋那样的知识分子，在革命的年代是真的有。想不到，高院长还自嘲地说："想当年，我也与肖涧秋有同样的思想，是血腥的革命教育了我！"我记得，当时大礼堂鸦雀无声，片刻之后，响彻大礼堂的掌声、欢呼声震耳欲聋。大家为老院长的真实、坦率和幽默鼓掌。要知道那时正在批判电影《早春二月》哩！

第四次与高院长的交集与组建英语班有关。为了培养懂专业的外语师资，许多高校都抽调专业学生，作为外语师资培养。我院有两个英语师资班，一班是从1967、1968级抽调7人组成的，二班是从1964、1965级抽调12人组成的。我属于师资二班。基础课党总支部书记于志、办公室主任杜展凯告诉我，再组建二班是高院长决定的，抽调的学生也是他首肯的。我当时不想到英语班，不想当教师，所以最后一个报到。基础课党总支部书记于志说，你是高院长亲自选定的，不仅要学好英语，还要做学生工作，毕业后，还要进教研室，任重道远。他还告诉我，高院长还要亲自带领我们去参加"四清"工作，培养又红又专的外语教师接班人！遗憾的是，不到半年，英语班因"文化大革命"解散了。不过，十几年后，武汉地质学院又办起了英语师资班，学生不是从地质专业调转的，而是直接从社会上招生。

能与敬爱的高院长多少有些联系是我的宝贵机会！我将永远记住这难得的点点滴滴，永远珍藏在心里！

作者简介

胡昌铭，男，1946年2月生。1964年，考入北京地质学院地层古生物专业。1978年，考入武汉地质学院北京研究生部遗迹化石和古生态专业。50余年，先后从事过地质技术员、高校专业教师等工作。

教育改革的先行者——忆高元贵院长

孙正烈

原北京地质学院院长高元贵是一位杰出的教育家,是教育改革的先行者。

我是1965年进入北京地质学院探矿工程系学习的,在经过1个多月的军训之后,于10月1日到天安门广场接受了伟大领袖毛主席等党和国家领导人的检阅。

在正式上课前,学校决定在探矿工程系和勘探系进行教育改革试点,探矿工程系在1964级和1965级中进行试点。1965级从4个班中确定71651班和71652班开展半工半读试点,学生自愿报名。这两个班在校学习一个学期,安排到社会实践一个学期。学校给每名学生每月发19元助学金,其中15.5元以饭票的形式发放,3.5元当作零花钱,这样学生基本不用家里开销。由于军训时间一个月,在校学习时间就非常紧张,在安排教学计划时,安排了业务理论教学课后就没时间上政治课。教师把这个问题反映到高院长那里,他当即拍板把政治理论课安排到实习教学中。这个决定在当时突出政治的社会环境下是难以想象的,但是高院长坚持信念,只要对教学改革有利,就敢于做决定。

第二学期,71651班奔赴地质队实习,71652班的任务则是到北京远郊区潭柘寺附近的山区给农民打水井,在物探系和水文系的教师确定可能有水的井位后,我们全班在教师谭义贤、实验员何谓平和实验工朱春发的带领下,拉着钻机、泥浆泵和柴油发电机浩浩荡荡开进鲁家滩。这里是山区,极其缺水,全村只有一个水量很小的泉眼,有条件的用毛驴到20千米左右的山下去驮水,没条件的只能排队到小泉眼接水。由于接水的人很多，有的人一天也难接上一桶水。由于缺水，农民只能依靠在山边种一点玉米和红薯生活，严重地制约了当地的经济发展，所以当地政府决定打一口水井。

到鲁家滩以后，由于井位在一条干的河滩上，上层全是大鹅卵石，必须人工开挖。我们白天挖井孔，晚上上课。后来正式开钻以后需要采用三班倒，同样的教学内容要讲3次，教师也相当辛苦。学校还专门派政治教员给我们讲政治理论课。为了检查教学改革的效果，高院长亲自深入实习点视察，观看我们实习的操作情况和教学情况，晚上还一起听课，和我们同吃同住，参与师生座谈，仔细倾听教师和学生对教学改革的意见。

水井设计孔深为120米，上部100米，直径30厘米，下部20厘米，直径20厘米。经过近两个月的奋斗，钻孔深度已经达到九十多米，快要完工时，却发生了因停电造成的钻具被埋的事故，处理事故耗费了近10天时间。经过近3个月的努力，终于完成打井任务，为当地群众解决了几百年来的用水困难，水井出水后，当地群众敲锣打鼓放鞭炮庆祝。通过教学实践我们学会了如何操作钻机、泥浆泵，学会如何制作钻孔报表，如何取岩心，如何处理钻孔事故，等等，不仅增长了知识和才干，还磨炼了我们的意志和吃苦耐劳的精神。

高院长是一名副部级的革命干部，但是从来没有官架子。他只要有时间就在学院内溜达，找人聊天。老教师几乎没有他不认识的，老教师们也愿意和他交朋友。

1970年，我在留校报到的第二天就成为迁校先遣队员，押车到武汉，在火车的货车厢里装了两辆大卡车和两辆北京吉普，火车在路上开了5天才到达武汉。

高院长恢复工作以后，把主要精力放在选新校址上。学校原来准备迁往湖南石门县，县委不接受。之后在湖北咸宁、孝感等地进行了选址考察调查。当时正逢湖北江陵的地质部第五普查大队迁往江苏镇江,有现成的房子,地质部命令学院以湖北江陵为基地建校。我们先遣队在武汉负责将北京来的教职工送往江陵,不久高院长也到了那里。高院长到武汉以后,不辞辛劳联系湖北省委、武汉市委,还拜访了武汉军区领导。他强调湖北地质学院的学生需要前往全国各地实习,沙市和江陵交通不便,希望学院能在武汉市选址恢复建设。后来湖北省委和武汉市委同意了高院长的建议,把学校从湖北江陵迁入武汉市。我们现在的学习和生活条件是高院长的艰苦奋斗、执着追求打下的基础。

高院长先后在北京地质学院、湖北地质学院和武汉地质学院工作了18年,深受广大师生的爱戴,我们永远怀念他。

作者简介

孙正烈,男,汉族,湖北人,1946年12月出生,中共党员,1970年8月参加工作,2005年11月从中国地质大学(武汉)机电学院退休,教授。

怀念高元贵——党的优秀干部、知名教育家

贾振远

高元贵是北京地质学院的第一任院长和党委书记，是党的优秀干部和教育家。

在建国初期，百业待兴，一切空白。这时急需大量各条战线的建设者，北京地质学院就是在这种背景下筹建起来的，高元贵肩负起了这样的重任。

一、依靠教师，走群众路线

群众路线是党的生命线。高院长在领导工作中，始终坚持群众路线。高院长在食堂吃饭后，总是喜欢在饭桌旁找个位置与教师亲切交谈。有一次，高院长找到了我，了解教育改革之事，他总是喜欢提出问题，让我分析。这样的事情，很多老师都经历过。教职工食堂已经成了高院长找人了解情况，甚至解决问题的场所。高院长不仅利用食堂走群众路线，而且也经常到教师的家中去了解情况和解决问题。甚至在"文化大革命"期间依然坚持找群众交谈，了解情况，甚为难得。

二、亲自向全院讲授哲学课

哲学是高度概括的综合性学科，包括世界观和方法论。对自然科学来说，方法论极为重要。高院长第一个在全院开设哲学课，不仅开设大课，也开设小课。为我院的教师指引了学习哲学之路，使大家掌握辩证唯物论，以此指导教学和科研。这在我院是前所未有的。

三、积极开展教学改革

在20世纪五六十年代，学院开展了教育改革，高院长是积极的领导者和推行者。当时石油地质勘探系在高院长的领导下积极开展了教学改革。当时该系设立了认知实习、教育实习、生产实习，高院长提出一系列的实习措施，推出综合教学实习。为了适应综合教学实习，提出编写综合教学教材，并安排我来组织。通过与地质系合作，与岩石教研室、地史教研室、地质构造和石油教研室组成综合教学实习队。我们到南京栖霞山开展选剖面工作，重点研究各类地质现象，把课程理论与实际结合起来，完成了综合教学实习教材的编写，并确定在南京栖霞山开展综合教学实习。教师们还编写了教学实习的教案，为石油地质专业开展综合教学实习做好了一切准备。

 作者简介

贾振远，男，汉族，吉林人，出生于1932年11月，1953年考入北京地质学院可燃系石油地质调查勘探专业，1957年8月毕业参加工作，留校任教，1995年8月从资源学院退休，教授。

我心中的高元贵院长
——从两张老照片的故事想起

陈晦鸣

我是北京地质学院地球物理勘探系（物探系）1960届毕业生，毕业留校工作直至退休。1955年，我入学时，北京地质学院的院长是井冈山时期参加革命的老革命家刘型先生。1958年至1968年5月，高元贵任北京地质学院的院长兼党委书记。1972年12月，他被中共湖北省委任命为湖北地质学院临时党委书记、革委会主任，1976年离任。我们毕业证上的签名是高元贵院长。学生时代我们就很敬佩高院长，因为他是"一二·九"运动的学生领袖之一，又是老革命。当年我们目睹了他在讲台上作报告的风采，我们拍毕业照时高院长没时间参加，多少感到有点遗憾。然而，1960年我有幸两次和高院长合影，一次是在学校科研成果展览会的物探系科研成果展台上（图1）。另一次是北京地质学院首届先进集体、先进工作者暨红旗班优秀生表彰大会合影（图2），两张距今60多年的老照片，勾起我对高院长深深的怀念。

高院长在学校任职期间是中国地质大学的辉煌发展时期。高院长在办学理念中特别强调探索和改革，强调学生的三基训练和实践环节，强调大学生的培养目标应是：使学生具有辩证唯物主义观点和思想觉悟，既要专业精深也要兼顾多面。1958年，高院长上任，我们正好是大学三年级学生，刚开始学习专业课程就赶上全国大炼钢铁，国家急需寻找铁矿。1958年6月，我们就参加了生产实习，实习时间定为半年，出发前校领导特别强调：今年的实习，同学们要在完成国家的任务中提高自己的专业水平，在野外时把自己当作物探工作人员而不是学生。在福建自组队的物探学生安排到福建省地质局,与当地物探局工作人员一起组成物探小分队,前往闽西、闽北开展寻找铁矿的磁测工作,支援钢铁生产。1958年9月,北京市召开了大专院校支援钢铁誓师大会,我们学校作为担任找矿任务的大学在会上发言,表达了"我为祖国探宝藏"的决心。经过半年的野外生产实习,我们在思想、工作、学习、生活等方面得到了很大的锻炼,收获颇丰。回校后,学校召开了"庆祝贯彻执行党的教育方针先进集体和先进个人评比颁奖大会",宣布了133个红旗手和9个先进集体,我们福建大队的物探队被评为红旗集体。

1959年,课程设计我被分配到地球物理研究所参加激发极化法新方法实验研究工作。1960年学校增设了物探仪器设计与制造专业。当年学校很重视科学研究,发动大学生积极参加与专业学习相关的科学研究。此时,我们正好进入大学五年级的毕业设计阶段,不少同学都被安排参加新型仪器设备研制的科学研究。当年以高院长为首的校领导提出的任务是:高举毛泽东思想红旗,实现以科学研究、技术革新、技术革命为中心的全面跃进。我们物探系的学生在老师带领下大搞科学研究,成立了多个科研小组,开展了高精度石英重力仪、航空电法仪器、测井仪器、核子旋进磁力仪和高频地震仪等项目。我被分配在航空电法仪器组,在我校和物探研究所、航测队老师的指导下,我们一边学习,一边工作,一边完成毕业设计,我的毕业设计题目是"旋转场航空电法仪器设计"。当年我们敢想敢干,科研搞得热火朝天,当时的诸多奋斗场景如昨日浮现眼前。

我们学校的大学生积极参与科学研究活动,在北京市的大专院校中名列前茅。1959年4月,学校还举办了各个系科学研究和技术革新运动成果展览会,地质部领导和高院长亲临参观指导。后来北京市的有关高校在天安门的午门门楼上举办了科研成果展览会,我们学校也有成果参展,其中物探系研制的几种仪器也被送去参展,几位学生还去担任讲解员。地质部党组书记、副部长何长工,高院长和几位老师来参观展览,并在我们的展台前驻足观看,询问了解物探仪器的性能。

1960年2月,学校被评为北京市文教战线红旗学院。2月27日,北京地质学院第一届先进集体、先进工作者暨红旗班优秀生表彰大会开幕,高院长作了题为《高举毛泽东思想红旗、为建设共产主义的地质学院而奋斗》的报告,在3月1日的闭幕会上学校为108个院级和73个系级先进集体和红旗班颁发奖状,还为269名院级和409名系级先进工作者和优秀学生颁发奖章。我有幸被评选为院级优秀生,会后高院长、院系领导和与会人员合影留念(图1)。这是一张很珍贵的历史照片,是在大操场东北拍的,参加合影的有当年与会的606位师生员工,背景是当年的主楼和北翼楼以及图书馆,远处可以看到对面北京钢铁学院的主楼。这张照片是一个历史时代的写照。时隔60多年,我们在帮助档案馆标注照片上的人物过程中,请了一些老同事帮忙辨认照片中的相关人员。当年的老师和学生有一些已经不在了,在校的耄耋老人从这张606人的合影照片中第一眼都会认出高院长(图2)。尽管高院长的身材并不高大,但是他在地大人心里却是一座丰碑。照片上的学生大多数都成为全国地质行业的佼佼者。当年有超过四分之一的院级优秀生留在学校工作,在高院长带领下成长为优秀的人民教师,有的成为学校领导和著名科学家,为国家经济建设和中国地质大学的发展作出了突出贡献。

图1　北京地质学院首届先进集体、先进工作者暨红旗班优秀生表彰大会合影

图 2　北京地质学院首届先进集体、先进工作者暨红旗班优秀生表彰大会
合影中偏左部分局部,第二排右起 4 为高院长,右 6 为院党委副书记聂克,
右 9 为袁复礼先生,倒数第二排左 2 为本文作者

　　1960 年,我从北京地质学院物探系毕业,在欢送毕业生的大会上,物探系主任薛琴舫教授还叮嘱我们要牢记高院长的指示,工作中首先要政治挂帅,听党的话,要依靠群众,努力学习毛主席著作,鼓足干劲力争上游,发奋图强。我毕业后在物探系金属物探教研室任教。我亲身体验到高院长重视青年教师的培养,他要求青年教师一定要定一个三年发展规划,提出具体指标。当时强调青年教师首先要踏踏实实打好基础,做好教学工作,掌握科学研究工作的思维方法,而且还要制订进修计划。高院长特别强调要学习辩证唯物主义,并用于指导工作和学习。高院长担任院长期间,经常亲自给学校教师上哲学课,我们都听过高院长讲的哲学课程。大学校长亲自给教师主讲哲学课,这在当下也是一件了不起的事情。当年北京地质学院在高院长的领导下,学校各项工作表现出色。高院长没有架子,和蔼可亲,平日见到都会和我们打招呼,他关心教师和学生,许多事情都亲力亲为,这给我们留下了深刻印象,他是我们广大师生员工和校友心中的偶像和永远的丰碑。

高院长领导下的北京地质学院值得回忆的往事太多。作为跟着高院长经历过从北京地质学院到武汉地质学院成长和变迁的一代人，虽然高院长已经离开我们 30 年了，但是我感到他老人家一直都在我们身边，时刻关注着学校的发展和壮大。

 作者简介

陈晦鸣，中国地质大学（北京）教授，1938 年 9 月 2 日生于福建泉州，1955 年考入北京地质学院地球物理探矿专业，1960 年毕业后留校任教。

老院长高元贵重视基础课教学和科学研究

王仁铎

原北京地质学院、湖北地质学院院长高元贵虽然离开我们30年了,但他的高尚情操和优良作风,一直是我们宝贵的精神财富。我与他虽然直接接触不多,但对他忠于党的教育事业,重视基础课教学,重视科研,关心教师队伍建设,深入群众,平易近人等方面都印象深刻。

一、高院长对基础课教学十分重视

"基础不牢,地动山摇",高院长深知这一道理。他在抓地质教育时,特别关注学校的基础课教学。在1964年以前,学校各基础课教研室是分别归属于各个系的,如物理教研室归属于地球物理勘探系,化学教研室和测量教研室归属于地质勘探系,技术基础课的无线电教研室归属于物探系,制图教研室则归属于探矿工程系。这样,基础课在各系都不受重视,基础课教学中的问题往往排不到各系的议事日程上,这对加强基础、提高基础课的教学质量是很不利的。高院长听取了基础课老师反映的意见后,决定成立基础课委员会(简称"基委")。1964年,基委包括数学、物理、化学、外语、测量5个教研室。主任是测量教研室的周卡教授,副主任是数学教研室的程光华教授,我任基委教学秘书,总支书记是于志,副书记是柳明淑,办公室主任是杜展凯,办事员是刘振江。基委成立后,基础课的教学大有改观。各教研室都制订了各门基础课的教学计划、教学大纲,并确定了各系开设基础课的学时数,并编写了基础课课程教材。基委在加强基础的同时还注意结合专业,为各专业的学生打下厚实的基础。

高院长非常懂得"教育者必先受教育"的道理,亲自给全校教师讲

"自然辩证法"课。许多教师在教学中也学会运用辩证法思想将所教知识传授给学生,从而大大提高了基础课的教学质量。

高院长还提倡"抓先进,带后进"的工作方法,在各类基础课教师中树立先进典型,让大家向先进学习。记得当时化学教研室张永巽、数学教研室程光华、教务长袁见齐、制图教研室黄作宾等一批教师被树为先进典型,讲公开课,让大家观摩学习。

为了加强基础课师资队伍的建设,在高院长的领导下,基委采取了培养"预备教员"的办法,即从学校各专业的低年级学生中选拔一些优秀的学生来基础课教研室当"预备教员",派他们去北京大学、清华大学等名校进修,本教研室老教师为他们传授教学经验,提高他们的业务水平。达到一定水平后,让他们给老教师当助教,待其掌握了教学方法后再自己开课。这种办法实施后颇有成效,由于这批教员政治素质较好,又有一定的专业知识基础,补上厚实的基础课知识后,教员自身的知识体系更加完备,也克服了教学中基础、专业"两张皮"的缺点。

从1964年到"文化大革命"前,学校围绕学习毛主席教育思想开展了一场轰轰烈烈的教学改革运动。高院长对基委的教改抓得很紧,要求教学内容"少而精"。教师们要抓"三基"(基本概念、基本理论和基本方法);教学方法要用"启发式",反对"填鸭式"和"满堂灌";课堂上要求教师与学生互动,活跃课堂气氛;教师的主导作用要落实在调动学生学习的主动性和创造性上;让教师认识到教学内容"少而精"了,反而使学生学会了举一反三,学得更多;学生掌握知识不是靠老师讲会的,而是靠学生自己练会的。高院长又认识到考试是教改的指挥棒,如果老是"闭卷考试",只能促使学生死记硬背,形成"分、分,学生的命根,考、考,老师的法宝"的局面。因此,要深化教改必须从改革考试方式上着手,当时试用了开卷考试的形式。考试时学生可以看书、看笔记,也可看参考书。因为考题是一种叫作"大型作业"的带有综合运用性和科研性的题,不能直接从书本上抄到答案,学生必须把各种知识融会贯通,并创造性地将其应用于实际才能作答,真正能考查出学生自学能力和分析问题、解决问题的能力。而出这种考题也考验和锻炼了教师自身的能力。对于这种考查方式,大家反映很好,但教师要费一番功夫。

教改因"文化大革命"结束,基委各教研室又被分配到各系去,并成立了各个连队。在武汉定址恢复建校后,恢复了基委(在武汉校本部和北京研究生部均成立了基委)。北京研究生部基委又增添了一个计算机教研室。总之,对基委各教研室分离、合并后的教学效果进行比较,可以得出一个结论:要想真正提高教学质量,加强基础课教学,就有必要把基础课教研室合在一起,统一领导。

前总理温家宝校友对我校培养人才目标提出十六个字为"品德优良,基础厚实,知识广博,专业精深"。高院长重视基础课教学的这种做法,是我校能培养出基础厚实的社会主义建设者和接班人的重要原因。

二、高院长非常重视科研和向国外学习

"文化大革命"以后,我校大部分教师被下放到江西峡江县五七干校劳动,另一部分教师去湖北丹江口地质队。"四人帮"被粉碎后,大部分教师回到了北京,但他们好多年未搞教学科研了,业务都生疏了。国外这些年在地质勘探各学科上又有飞速的发展,而我校选址问题一直未确定。这时高院长对大家说,选校址的问题你们不用操心,我一个人盯着。你们的任务就是抓紧这段时间好好搞科研,了解国外的新进展。这样校址选定后,学校教学科研就可较快走上正轨,赶上国际先进水平。1971—1975年,我们都抓紧时间读书,看文献,搞科研,尽量把前一段缺失的业务补回来。若没有高院长为我们教师争取到这段宝贵的科研时间,校址定了以后我校也不可能这么快就恢复了元气

并有了新的发展,并立足湖北武汉跻身一流高校的行列之中。

1978年,党和国家提出改革开放方针,并决定选派一批留学生出国学习。经过考试,我有幸被选派赴法国学习地质统计学。和我一起被选送赴法留学的还有水文系刘存富、测量教研室的苏成年。高院长知道后,邀请我们去他家中见面。他热情地勉励我们出国好好学习,将来为国家"四化"建设出力。当他得知我们是要去法国学习时,他写信给中国驻法国的大使韩克华,因韩克华是他的老部下,想托他对我们几个多加关照。当他要在信后签上自己的名字时,手都颤抖得写不出字了,还是我替他签名、盖章。但后来因韩克华很快就被调回国了,我们也没见到他,故高院长的信也没交给他。

高院长当时已有70岁高龄,又经过"文化大革命"的冲击,身体已经很虚弱了,但还抽出时间会见我们几个年轻教师,他对我们出国学习十分重视,希望我们能早日学成回国,报效祖国,把我校建成国际一流的地质大学。

高院长把自己的激情与睿智献给了中国地质高等教育事业和我们的母校,值得我们好好学习,我们一辈子怀念他。

 作者简介

王仁铎,男,教授,中共党员,1935年11月7日出生于天津市。1956年9月毕业于北京师范大学数学系。1959年10月起在本校数学教研室工作。1964—1982年3月在数学地质研究室任教,1995年退休。

深切怀念高元贵院长

陈发景

我们敬爱的高元贵院长是一位被地大师生交口称赞的好院长。回顾他当年领导我们进行学校建设和教学改革的往事,我仍然激动不已。其中尤为令人难忘的一件事,就是他曾为我们保留了石油地质专业。

1963年,地质部决定不再搞石油勘探,撤销了石油局,也准备撤销我校的石油地质专业。我校的石油地质专业是新中国成立后建立的第一个石油地质专业,毕业生深受地质部、石油部地质勘探队和油田的欢迎,正处于兴旺时期,我们对此很不理解。当时我去地质部找一位业务领导问此事,他虽然感到不妥,但也很无奈,建议我们去搞钾盐研究。在决定我们专业命运的关键时刻,我想到了敬爱的高院长,他很理解我们的处境,建议我去找石油部领导,请石油部从全国社会主义建设需要石油能源的大局考虑,让我校为他们培养一个班的学生。在石油部领导同意后,我校石油地质专业最终保留了下来,石油教研室也没有被解散。一批教学骨干得以保存,为后来石油专业的发展壮大奠定了基础。

此外,高院长一直非常关心石油专业的成长。他非常重视教师队伍的思想建设,教导我们教师要教书育人、甘当人梯、以身作则,并为我们树立了榜样。他经常组织我们学习马克思主义哲学,学习唯物辩证法,学习毛主席的《实践论》《矛盾论》并亲自授课,这对我们树立正确的世界观和方法论、掌握教育规律、进行教学实践以及深入地质科学研究都有深刻的影响。他深入基层抓教学改革,提出狠抓人才、教材和实验室(包括野外实习基地)建设。他特别重视对中青年教师的

培养，鼓励他们钻研业务，提高教学科研水平，掌握真才实学。我和我校的一大批教师在这一时期得以迅速成长。

他还深入抓教学改革，主张课程教学内容要"少而精"，采用启发式教学方法，在学好理论基础知识的同时，注重培养学生分析问题和解决问题的能力。在他的倡导下，教学质量明显提高。

高院长重视生产实习基地的建设，亲自和袁见齐副院长一起到玉门油田检查我们专业实习工作，仔细了解情况，认真听取师生意见，鼓励我们把实习工作做好。"文化大革命"期间受到冲击，他仍然关心我们专业的发展，建议我们到油田招生，并从"五七"干校抽调了一批老教师，如郝诒纯、杨遵仪、张永巽等老先生亲自授课。虽然从油田招来的工农兵学员基础知识比较薄弱，但此举不但凝聚了大家办学的决心、锻炼了手把手教学的耐心，还培养出了一批油田骨干力量，其中不乏像曾玉康这样的副部级干部。

在回忆往事时，我也常常想，为什么我校师生员工如此称颂和爱戴高院长？我认为这和高院长无私奉献教育事业的精神有关。为了培养社会主义建设的合格人才，他全心全意办学，忘我工作。即使在那个年代，困难重重，他仍能保持政治定力，沉着应对，带领大家砥砺前行。他深入基层，从实际出发，务实干事，从不空谈。他平易近人，脚踏实地，热爱群众，作风民主。迁校过程中，他牵头制定的方案，最大限度地照顾了各方教职工的利益。因而他做到了凝聚人心，克服种种困难，较顺利地做好迁校和两地办学的事业。

治校以德，凝心聚力，栉风沐雨，砥砺前行。这就是一位好院长，一名优秀共产党员给我们留下的精神财富。中国已进入新时代，我相信在习近平新时代中国特色社会主义思想的指引下，学习高院长的高贵品质和优良作风，一定能激励我们不忘初心、牢记使命，实现办好高质量一流大学的梦想。

作者简介

陈发景,男,1927年11月生,1951年9月毕业于清华大学地质地理系,毕业后一直从事石油地质专业教学和科研工作,教授,博士生导师,享受国务院政府特殊津贴,1993年11月离休,厅局级。曾任武汉地质学院勘探系石油教研室主任、北京地质学院、中国地质大学石油研究室主任、能源系主任。曾获地质矿产部科技进步二等奖4项、北京市科技进步二等奖1项。

我和高元贵院长在工作接触中发生的几段往事

王觉生

高元贵院长在我校工作18年,为推进学校的建设和发展,打下了坚实的基础,作出了特殊的贡献。现在,我把自己和高院长在工作接触中发生的几段往事写出来,以表达对高院长的思念。

高院长一贯坚持深入基层、深入实际,精心治校的理念和正直无私、廉洁奉公、关心群众、艰苦奋斗的好思想、好作风,深受大家的拥戴。在新的历史时期,我们应把这种治校理念和崇高精神发扬光大,踏着前人开拓的道路,与时俱进,继往开来,以人才强校,奋勇前进,为把我校建设成为地球科学领域世界一流大学而努力。

一、结合地质工作实际编写《综合地质基础》教材

1958年,我校大力开展勤工俭学,以自组生产队承包国家地质勘探任务为主,贯彻执行党的"教育为无产阶级政治服务,教育与生产劳动相结合"的教育方针。正当各队在全国15个省、市开展普查找矿及1∶20万和1∶5万地质测量工作时,高元贵同志调任北京地质学院党委书记和院长。他一上任,就通过多种渠道了解各队的生产和教学情况。

到1958年9月,为响应当时"大办钢铁"的号召,我校又把二年级学生派往各队参加地质找矿工作。然而,他们只学过普通地质学,直接参加普查找矿比较困难,存在理论与实践脱节的问题。为使二年级同学更好地参加生产劳动,全校师生在高院长的主持下,就如何编写《综合地质基础》教材展开了大讨论。各生产队积极响应号召,从多方面提出编写该教材的提纲和要求。山东大队的部分教师经讨论后认

为：编写该教材不应仅在《普通地质学》基础上修修补补，而应当打破旧框框，适应地质找矿工作需要，并列举了学生在地质找矿工作中，对测制地质剖面、填图路线间距、定点观察描述、矿点检查技术、淘沙操作技术等问题，说明应如何编写这本教材；并以《打破旧框框，教学大革命》为题，刊在山东大队主办的《泰山》小报上。后来，院刊转载了这篇评论，受到高院长的重视。他认为这对编写《综合地质基础》教材是个很好的建设性意见，要编写组阅读《泰山》小报这篇评论，汲取山东大队的意见，并组织相关教师经过多次讨论和研究，又专设综合地质基础课教研室，于1959年为全院各专业低年级学生开设了综合地质基础课。

为了发挥普查系（后改名地质系）的优势，学校党委决定：从1959年以后，北京、山东、山西、河南、湖北、湖南、浙江等省（市）地质厅（局）1∶20万和1∶5万区测及找矿的任务，全部由普查系师生承担。高院长很关心这项工作，多次指出：要把生产与教学、科研结合起来，要重视质量与数量的关系，把提高质量放在第一位。普查系各队在生产劳动中坚决贯彻执行高院长的意见，在院党委的领导下，从1959年至1964年，遵照中央"调整、巩固、充实、提高"的方针，调整了各队生产任务，并始终以国家利益为重，发愤图强、勇挑重担，笑对饥肠、艰苦奋斗，坚持质量第一、精益求精，师生协力、教学相长，战胜了生活上和物质条件上的各种困难，不仅为国家提交了内容丰富、图文并茂的27幅1∶20万区测报告，完成了北京地质局的1∶5万区测任务，还为后续的地质工作打下了坚实的基础，为社会主义经济建设事业作出了重要贡献；而且在实践中探索了生产、教学、科研三结合，培养又红又专社会主义事业接班人的新路子，总结了新经验，为北京地质学院的大发展谱写了新篇章。

二、积极探索教学改革

1959—1965年，我系在高院长为首的党委会和院务委员会的领导下,以贯彻毛泽东思想为指针,按照"高教六十条"的要求,贯彻以教学为主,实行教学、科研、生产三结合,加强基本理论、基本知识和基本技能的训练,探索新时期教学改革的新经验。

1961年,毛主席在春节教育工作座谈会上指出,现在学生课程太多,学生压力太大,不利于培养青年在德智体诸方面生动、活泼、主动地发展。我系遵照毛主席的指示,在高院长亲切指导下,在教学工作中,积极探索和总结"少而精""启发式"和"因材施教"的教改经验。岩石教研室鄂莫岚和矿物教研室陈代璋两位年轻教师在教学工作中,以"少而精"为指导,抓重点、难点,精心组织每堂课的教学内容,把课堂讲授与课外指导学生自学结合起来;以"启发式"改革教学方法,用提问题和讨论等方式,充分发挥学生学习的主动性,培养学生分析问题和解决问题的能力。他们的教学经验,受到高院长的重视,要求他们以书面形式进行系统总结,并在全院进行交流。

地质系地质学专业11641班是学院教学改革的试点班级,高院长要求该班教师以"少而精"改革教学内容,以"启发式"改革教学方法,着重培养学生分析问题和解决问题的能力。高院长经常率领教务处陶世龙、袁宝华等同志参加试点班的活动,总结经验,指导全院的教学改革工作。高院长胸襟开阔,经常深入地质系,不分昼夜参加地质系和教研室的有关会议,坚持把教学改革进行下去。在1966年4月28日召开的党委会上,还把教学改革的重点确定为教学内容的改革和教材的建设,把教学内容的改革落实到教材建设上。后来,因为"文化大革命",教学改革被迫停止了。

三、深入细致开展思想政治工作

高院长坚持思想政治工作必须和工作实际与思想实际相结合,反对脱离实际的做法;坚持以身作则,率先垂范,坚持身教重于言教,身教与言教相结合,反对说大话、说空话;坚持深入基层,联系群众,了解情况与问题,有针对性地、耐心细致地进行思想政治工作,反对生硬、粗暴和"一棍子把人打死"的做法。我校广大师生对他的这些要求和做法都有切身体会,不少师生受到他的谆谆教诲而终身受益。

1964年5月,地质系副主任池际尚组织单文琅、沈锡昌等教师讨论研究当年教学实习和生产实习改革的问题,提出三点要求:①教师要不断提高业务水平,言教身教,以身作则,教学相长,在实习中充分发挥教师的主导作用。②从实际出发,克服困难,实事求是,勤于思考,培养学生分析问题和解决问题的能力,苦练过硬的本领。③教师挑"两副担子",结合实习过程中遇到的具体问题和各种思想问题,既教书又教人,深入细致地进行思想政治工作。池际尚把上述要求向高院长汇报后,高院长认为这些要求很好,并把它列入全院实习的教学改革要求,以提高教学质量为目的,创造新经验,组织了各类实习队。

在进行实习的过程中,曹添、徐乃和和我随同高院长到周口店、坨里、唐山赵各庄检查教学实习情况。高院长每到一个基地,都要给师生作形势报告,还到现场实地检查,了解学生在实习中的情况和问题,多次提出在野外实习中要使学生建立地质思维,要大家勇于实践,苦练本领,并要求指导教师结合实习的业务活动做好学生的思想政治工作,既教书又教人,不断总结教书育人的新经验。

王鸿祯教授当时虽身处逆境,仍潜心教学,苦心编写了一本高质量的《地史学教程》。高院长连续几个夜间读完这本教材,并多处称赞。高院长多次同王鸿祯教授促膝谈心,鼓励他继续钻研学问,追求真理,著书立说,取得更大成就。王鸿祯教授后来担任武汉地质学院院长,为学校的长远建设发展作出了新贡献。

为充实和提高教师业务工作水平,高院长亲自为全校教师讲授哲学课,一些教师获益匪浅。程光华老师应用辩证法给学生主讲高等数学,把一门死板枯燥的数学课讲解得活灵活现,大大提高了教学水平,深得高院长的赞赏。

高院长待人处世既严肃又亲切，我深有体会。在困难时期，他筹办芦台农场，垦植校内苹果园，要求食堂设法保质保量供应，想方设法改善师生员工生活。那时候，办公用品奇缺，高院长要求院系各单位利用一些剩余的旧文件、报告油光纸的反面油印校内的文件、报告。地质系有一次曾用山东队剩余的一些好纸油印了期中教学检查报告，送给高院长。他一看是好纸油印，当即批评我，为什么用好纸？哪里来的？要我把好纸统统上交校办。那时，虽然生活和工作条件极其困难，但是，人们精力充沛，情绪饱满，地质系党总支和系办的同志以及教研室的教师，经常利用晚上开会或工作到深夜。高院长也常和我们一起在夜间讨论相关问题。高院长对专家、教授和一般员工平等相待，关心呵护、以理服人的高尚品格，我至今难以忘怀！

四、在迁校建校的动荡中勇担当

1972年冬，国家计委地质局军代表王乐天与高元贵同志谈话，请他出来主持地院工作。那时，池际尚、郑伯让和我正在武汉办学点组织三年制地质学和地质力学两个专业工农兵学员的学习。高院长先到武汉办学点了解情况，跟我们交谈。郑伯让说：高院长急流勇进，学校有希望了。高院长说："军代表找我谈话，我提出，要给我主持工作的决定权，军代表表示同意。我试试看，不行，再行他法。"后来，高院长又到丹江和江陵办学点了解情况，调查研究。1972年12月27日和28日两天，中共湖北省委任命高元贵同志任湖北地质学院临时党委书记和革委会主任。他上任不久，提出学校过于分散，不便开展工作。经党委研究决定，撤销丹江办学点，使教职工集中在原北京地质学院校址、武汉地质学校（湖北地院教学点）和江陵校本部，这就是当时所说的"三点集中"。后来，大部分教职工临时集中在原北京地质学院，恢复开展部分工作。

同时，高院长提出江陵平原地区不宜办地质院校，湖北省革命委员会同意另选校址,他就亲自率领调查组重选新校址。为了迁至有利于地质学院发展的地方,曾到过广水、孝感、黄石、大冶、蒲圻、咸宁、武昌等市(县)调查选址,几经周折,1974年7月27日,湖北省革委会批复:同意在武汉市建校;12月28日,湖北省革委会批复:同意湖北地质学院更名为武汉地质学院。

从1975年开始,我校一方面在武汉南望山——喻家山南边新建学校,一方面临时借用湖北教师进修学院、华中农学院、武汉地校等单位部分校舍办学。那时,高院长也常去地质系进修办学点跟我们讲国内形势。我系领导和教师向高院长学习,以安定团结为重,有序引导工农兵学员,按计划、井然有序地进行教学工作。

1976年7月28日,我系师生正在唐山迁安一带开门办学,经历了唐山大地震。我双脚受伤,回京疗养。伤好后,由我负责地质系北京留守工作,我顺便每月替高院长领取工资给他送到家中。他依旧关心着学校的建设和发展,问长问短。后来,高院长调国家地质总局(后改为地矿部)担任顾问,我到地质干部学校(后更名地质干部学院)工作,常借去地矿部联系工作的机会看望高院长。他总是把我叫到办公室了解武汉地质学院北京研究生部的情况,关心学校的变化和发展。

今天,中国地质大学分别在武汉和北京发展成为两所全国重点大学,我们怎能忘记高院长在我校最困难、最关键阶段打下的坚实基础和作出的特殊贡献。高院长早已离开了我们,但他的办学理念弥足珍贵,他的高尚品质如丰碑般永远矗立在我们的心中。

作者简介

王觉生,男,1930年4月生,1965年毕业于北京电视大学中文专业。1949年2月在察哈尔省委党校和省委政策办公室(后更名为华

北行政委员会)工作;1954年9月调至北京地质学院矿产地质及勘探系,至1978年12月分别在北京、峡江、江陵、武汉等办学地点的地质系教务处工作;1979年1月在地质矿产部干校和北京地质管理干部学院教务处工作;1990年10月离休。

高元贵院长的教育思想深深地浸润了我

傅昭仁

高院长离开我们已经整整 30 年了,几十年来我们地大的老教职工提起他,无一不敬仰他的品德、感念他的恩情。

我年轻时,虽然多次听过高院长的报告,倾听他的"自然辩证法"讲座,但亲身接受他的具体指导却仅有一次。

1961 年,北京市召开社会主义建设积极分子代表大会前夕,我们地质系区域地质教研室被选中参加。地质系党总支书记王哲民同志让我和杨子赓撰写与会的先进事迹材料。主要写 1958 年后我们地质系在湖北、湖南、江西、河北、北京等地 1∶20 万和 1∶5 万区域地质测量的成果和师生是如何完成任务的先进事迹。

材料上交几天后,党总支通知我们去院长办公室,高院长要亲自跟我们谈一下。我们一进办公室,院长就直入主题。他对我们说:你们写的材料我看过了,这几年你们确实干得不错,但你们写的材料却平铺直叙,条理也不够清晰。是不是应该先摆成绩,然后写师生如何努力和其中涌现的先进典型事迹,最后要把你们承包区调图幅搞生产实习提高到"贯彻党的教育方针——教育为无产阶级政治服务、教育与生产劳动相结合"的高度。你们在各地承包的区调图幅得到验收并获得优良评价,说明按国家区调规范要求来完成普查找矿专业生产实习的做法是可取的、成功的。材料要突出你们已经找到贯彻党的教育方针的最佳方式。

最后,我们在政治教研室王子贤老师的具体指导下,终于完成了任务,并由谭应佳同志代表教研室出席了那次代表大会。

应该说,现今京、汉两地地质大学 80~90 岁的退休教授群是在高元贵院长教育思想的影响下成长起来的。为了打牢学生的政治理论基础和数理化基础，高院长力主从本校毕业生中选派了一批品学兼优的学生到人大、北大进修；为了加强地质基础课的改革，他亲自到周口店实习站长久蹲点，开设了"综合地质基础"课。同时又开设了构造、岩石、勘探等专业教学实习。是他正确执行党的知识分子政策，动员党内外教授带领我们大搞科研，激发我们这批小助教的科学研究兴趣，提高我们的科研能力。

1972年，我想回老家，便私下与贵州工学院地质系联系，很快就得到回信：欢迎我们夫妇到贵州工学院工作。就在此时，高院长复出，明确而坚定指示"所有的教员一个都不许调走"。"沙洋这样的居住条件无法过冬，大家可回北京，路费报销"。不久在江陵和丹江的同事们也先后回到北京。那时我们的内心是多么的激动啊！我们热泪盈眶，奔走相告。深深地感激高院长，深深地钦佩他敢作敢当的精神。

我们区调教研室的同仁又重新聚集在一起。那时我们都只有30多岁，风华正茂，但是业务中断多年，不能招生，没有教学任务，还彷徨着。这时，高院长又发出令人鼓舞的声音："过去不是老喊教学任务重，没有时间搞科研吗，现在不能招生，就大胆找各部委主管部门，要任务、要经费，锻炼队伍，不搞虚名。"这番话使学校党内外的老一辈专家解开顾虑，积极地行动起来。我们区地教研室在陈光远老师的引荐下，也不计报酬，积极地投入首钢迁安铁矿的矿田构造研究工作，得到校内和校外名家指点，为1978年全国科学大会的获奖项目作出了一份贡献。

在南迁建校初期，高院长在分散的四个点来回奔波，与我们年轻教职工同吃同住，坐大卡车，排队买饭。一次他到华中农学院办学点来看大家，在我和郑伯让的陪同下，一同前往暂住的筒子楼，在路上，高院长对我们说，既然家都迁来了，能进武汉已经很不容易了。没想到几天后就听说他奉调担任地质部顾问。

在我们敬爱的院长离汉的那天,地院 5 个点的教职工都自发聚集到武昌火车站的站台欢送,站台上一下子突然出现了数百人,车站工作人员都紧张起来,怕闹事。我身边贾振远同志立即向他们解释:"我们是来欢送我们院长回北京"。

高院长与世长辞已经 30 年,但他在我们地大人的心中始终像青松一样高大。我在晚年学习陈毅元帅《青松》一诗时,自然而然想起了我们的老院长,并以藏头诗的形式,刊登在《地院秋色》上。

赞高元贵老院长(藏头诗)

高山顶上一青松,元老正直不屈从。
贵挽狂澜于既倒,赞敢担当系为公。

作者简介

傅昭仁,男,1934 年 9 月 8 日生,1953 年考入地质矿产系地质测量及找矿专业,1957 年毕业后留校任教,构造教研室教授。1996 年退休。

关于高元贵老院长的一点回忆

陈崇希

1958年起，高元贵任北京地质学院、湖北地质学院、武汉地质学院院长兼党委书记。高院长在主持学校工作期间，始终把提高教学质量作为中心工作，领导学校全面进行教育教学改革，展现了非凡的领导才能。20世纪60年代前期，高院长特别强调学习苏联要注意结合中国的实际，不盲目照搬苏联经验。他领导全校教师针对国情，对学校专业设置、教学计划、教学大纲、教学方法等方面进行改革。他还十分重视教材编写工作，组织教师编写一批自己的地质专业课程教材。编写过程中，高院长认真阅读一些重点教材的编写初稿，看不懂就虚心地向老师们求教，也从实际出发诚恳地提出一些修改意见，帮助提高教材的质量。经过几年的努力，学校主要课程有了自编教材，改变了过去完全照搬苏联教材的被动局面，为提高教学质量提供了保障。

在这种背景下，我也参与了教材编写工作。那是1961年，系里转达上级根据北京市彭真市长的"按热量办事"（指自然灾害引起粮食不足的环境）的要求，适当压缩教学内容。根据这个要求，具体到我们水文地质系，拟把原来的56学时"水力学"课程取消，将其中的部分内容（10学时）融入"地下水动力学"课程中。就此要求我主编（胡佩清，林敏两位老师参加撰写）一本满足此要求的《地下水动力学》教材，由中国工业出版社出版。这是我国第一本自己编写出版的高等学校《地下水动力学》教材，此前都使用苏联教材。

1966年，系里要我撰写第二本《地下水动力学》教材供函授教学之用，又一次涉及教材署名的问题。高元贵院长知道这件事后，他不顾社会上"左"的思潮，批评这种做法："你们三个人是北京地质学院的组成部分,北京地质学院编的,一般应该优于你们三个人编的水平,应署上撰稿人的名字,这不仅是荣誉,更是责任。"于是,1966年我撰写完第二本《地下水动力学》教材,基于当时社会环境,经过高院长批准,书的封皮上不写编者,空着,封皮里页写着:"本教材由水文地质教研室陈崇希同志编写"。我认为这在当时的形势下是一个既坚持原则又鼓励教师的很大胆的改革举措。但是直到1975年,我撰写的《地下水动力学》下册——《地下水不稳定井流计算方法》(油印本),仍然不能署个人名字(此时的高元贵院长已无法过问)。直到1983年由地质出版社出版的这本书,才署上作者个人的名字。可见早在1966年,高院长坚持原则,顶着压力,把编写者的名字写在封皮里页,真是冒着很大的风险。

我个人没有直接与高元贵院长接触过,只是聆听他的报告、给教师们讲哲学课以及周围老师们对他的一些评论。他给我的感觉是能够深入群众,主动听取大家的意见。例如,他去水文地质学生南口野外实习现场了解情况,听取培训班学员意见等,特别是听取老教授们的意见。他实事求是,独立思考,绝不是一个见风使舵的人。我们宿舍离车库不远,我经常看到高院长晚上很晚才离开学校。听说他的身体很差,但仍然为学校的建设操劳着。对高元贵老院长,我内心充满崇敬之情。高院长把心放在学校建设上,他是我们的好领导。1976年高院长调离地质学院,我们许多人都自发地爬上运货的卡车到武昌火车站去送行。他与我们每个人都握手告别,我是噙着眼泪与高院长握手告别的,心里很不是滋味,这么一位好院长离开我们,实在是舍不得!

高院长在地质学院任职期间,勤勤恳恳,虚心学习,任劳任怨,为我校建设和发展作出重大贡献,在历届师生中享有崇高的威望。敬爱的高元贵院长永远活在我们的心中!

作者简介

　　陈崇希,男,汉族,1933年10月生,教授,博士生导师。1956年毕业于北京地质学院水文地质及工程地质专业,2004年2月从中国地质大学(武汉)退休。

锐意改革的地质教育家——回忆高元贵院长

李东旭

我是1952年考入北京地质学院的,至今也有70多年。其间经历了多位院长和校长,其中高元贵院长给我留下的印象最深刻。作为一个普通青年教师,我有幸在1959—1970年与高院长有过几次交集,获得诸多教益。虽然他不是学地质的,但他比学地质的院长更加热忱、更加执着、更加认真。他是位锐意改革的地质教育家。以下是我和高院长接触的几点回忆。

一、体育课程增加"登山攀岩",配合专业课试行"单科独进"

众所周知,大多数地质工作者都要到野外进行实地考察,不可避免经常要翻山越岭,有时遇到悬崖陡壁,还要攀岩零距离观测微观地质现象和采集标本。因此对于地质专业的大学生来说,掌握一些登山攀岩知识和技巧是必要的。1958年以前,我校地质类专业学生的体育课程内容和其他专业的大学生的体育课程一样,主要是田径、体操、球类,大家从未想到把"登山攀岩"作为学校的体育课内容。高院长到我校的第二年即1959年就发现登山攀岩技能是地质专业学生的必备技能,应积极推动体育课程的改革,率先在我校地质类专业体育课中增设"登山攀岩"课程。这项举措无疑是地质专业体育课程史无前例的改革。

但是,在将"登山攀岩"课程落实到教学计划中时,却遇到许多实际问题。主要是学生要离开学校到野外开展登山学习,历时两周,这会影响整体教学计划,必须在这两周内同时完成一门室内教学的专业课,也就是一门课程连续每天要讲授2~4学时,两周完成40多学时,即所谓的"单科独进"。经研究,选定实验课较少的《构造地质学》配合登山到野外上课。地点选在环境优美的香山公园(图1)。那个时代初冬季节公园游人很少。但是在公园内没有教室和学生宿舍,只能分成小班在男生宿舍挂个小黑板席地而坐上课。更加困难的是任课教员多数是刚刚毕业的助教,两名老师负责一个小班,轮流上课一人一天。显然备课时间太少,还没有备课的桌椅和灯光,想加班加点备课都没有条件。记得跟我搭配的蒋老师有时急得哭泣,我只好替他上阵。回到学校后我们向高院长反映了此情况,他及时作了调整,改进了安排。

图1 "单科独进"——在香山公园上登山攀岩课的学生合影

二、增设理科专业,转型理工科大学

1952年,由北大、清华等校的地质系合并建立的北京地质学院,当时国家政策是要求学习苏联莫斯科地质勘探学院模式建校,包括培养目标、专业设置、教学计划、教材内容、学术观点,乃至学生的作息时间表等。唯一不同的是苏联是五年制,我国因急需人才,压缩为四年制。通过几年的教学实践,发现诸多方面不符合中国的国情。例如当时按苏联的教育勘探系的培养目标是地质工程师,就是既要学地质矿产的全套课程,又要学材料力学、机械原理、钻探和坑探相关的工科的课程。毕业证书是地质工程师。通过几年实践发现,学生毕业到野外实际工作中并不需要许多工程方面的知识,而在岩矿鉴定、地层古生物、构造地质及动力地质学等方面的地质专业知识不足,不能很好地胜任地质矿产方面的工作。按照苏联莫斯科地质勘探学院的教学计划,工科课时过多不仅给学生的负担过重,还削弱了地质知识基础,乃至不能胜任工作要求。

根据这种现状,必须破除简单照搬的方法,要根据自己的实情,办"理工兼顾"的地质学院,培养我国社会主义建设实际需要的地质工作者。1959年,在高院长的主持下,在普查系开设了岩石矿物学、地层古生物学两个理科专业;1963年在马杏垣教授推动下又成立了构造地质学理科专业。我还记得1964—1966年我曾为这个专业首次讲授了"高级构造地质学""地质力学"两门新课程。大概就是在这时,北京地质勘探学院更名为北京地质学院。现在看来,那次增设的3个理科专业是我校教育史中从单一工科大学转型为理工兼顾的大学的重要标志。

三、实践出真知,积极倡导现场教学

地质学的实验室是野外大自然。1964年,《人民日报》报道了解放军郭兴福从实战出发的练兵法。高院长非常赞同和倡导这种教学法,马杏垣老师率先将它运用到构造地质教学中,他带领自己的研究生和教研室年轻教师到周口店实习基地现场观察和讲解,操练构造地质观测'200米硬功夫'。接着,我在给构造专业学生上"地质力学"课时,也带学生到牛口峪现场讲解旋扭构造,由于这里出现的旋扭构造类型非常齐全,并且还有两次旋扭叠加的复杂现象,如果不在现场亲眼看到,学生是很难理解的,因而我深刻领会到现场教学的好处。

记忆深刻的是1966年5月,我在给构造专业三年级学生讲授高级构造地质学知识时,曾利用周口店164背斜采石场人工开发出的4个

大剖面,通过学生的亲自观测小构造解析背斜的形成机理。把学生分为3人一个小组,均匀分布在背斜的不同部位,每一组都要完成以一张构造素描图并附文字说明;同时还要进行节理的配套分期测量;最后回到室内拼合在一起,进行讨论。我们都没想到,高院长居然来到164背斜现场观看学生的操作。我向他简单汇报了我的构想,他高兴地说道:对于地质教学这种方法很好,值得总结经验。庆幸的是,时隔50年后,在清理图书资料时发现这套原始资料尚存。总之,高元贵院长对现场教学积极倡导和深入基层教学的精神令我敬佩。

四、迁校江陵选校址,筹建地质力学系

记得1971年中秋节前夕,我们离开北京,第一批迁校至江陵,暂时住在原地质部第五石油普查大队的旧址,教员住在原来的钻探工人集体宿舍。不久高院长也来了,知道他已被落实政策恢复工作,大家非常高兴。在江陵的这段时间也是我和高院长零距离接触最多的时期。

高院长来到江陵后,当时军宣队的领导考虑今后学校还由他领导,又由于他过去曾在中南区工作过,与当地领导干部熟悉,故请他负责选校址,派徐绍利老师和我协助高院长工作。我们在郢城一带考察了几天,最后选在荆州城小北门外一块耕地。由徐老师和我用罗盘和皮尺丈量并画出草图,交付高院长与地方政府商定。

同年10月,邓兆伦同志从北京来到江陵,带给我一套李四光先生尚未出版的新著《天文、地质、古生物》。共分七个单行本。高院长得知后找我借读,他说:"每天晨读时我到你这里换一本,七天我把它读完"。他这种好学精神给我留下深刻印象。

也正是由于这个契机,高院长对李四光先生的学术思想有所了解。邓兆伦又从三河地震队带来一则消息:当年2月的一天凌晨,周总理听取国家地震局的几位同志会商地震预报问题时,总理曾问及"地质学院有没有地应力专业?"与会者回答"没有"。总理又说:"没有

我们自己可以创办嘛！"这时军宣队和高院长正在考虑学校如何恢复办学的问题，就派我和邓兆伦、何科昭3人到北京向李四光部长请教如何办地应力专业的问题，李老接见我们时说："总理高瞻远瞩，办这样的专业很重要，但从学术的角度看，地应力理论和方法涵盖面较窄，它只是地质力学工作方法的一个方面，它不仅用于地震预报，在工程地质、各类矿产的寻找与开发等多方面都是一种研究途径，建议建立一个地质力学系更好。"回到江陵我们向高院长汇报李四光的意见后，高院长提出干脆我们就按李四光的学术思想建一个地质力学学院岂不更好。于是我们又返回北京求见李老，反映高院长的意见。李四光先生考虑到地质学院还有地球物理、探矿工程等专业，建议还是建个系，下分3个专业：找矿专业、地震专业和地热专业。不过地热专业可先让北京大学地质系去办，北京地质学院办找矿和地震两个专业即可。于是高院长在江陵（1971年）就开始筹建地质力学系。

结　语

从以上几件事的回忆不难看出，高元贵同志是一位非常敬业、尽职尽责、实事求是、勇于担当、作风民主、爱护师生的好院长。虽然他不是学地质专业的，但他善于学习，为了工作翻阅了大量地质专业书籍，并结合国家对地质工作的实际需求进行了一系列教学改革，使我校的毕业生到工作岗位后多数成长为骨干力量，广受地质战线欢迎。这与高院长的锐意改革精神的熏陶与教育分不开。

作者简介

李东旭，男，教授，博士生导师。1933年10月生，1952年考入北京地质学院，主修金属非金属勘探专业，1956年毕业留校任教。

忆教改

彭文能

1958年9月，中共中央、国务院发布《关于教育工作的指示》，强调："党的教育工作方针，是教育为无产阶级政治服务，教育与生产劳动相结合；为了实现这个方针，教育工作必须由党来领导。"

1958年7月，国务院任命高元贵同志任北京地质学院院长。高院长来校后，领导学校各系和教研室进行教学改革，数学教研室被选为教学改革重点之一，教研室主任要紧密协助。

改革的进行首先是在教研室落实并加强党的领导，以高院长为首的学院领导集体与各系研究决定，在各系高年级的党团员中挑选10名学生为数学教研室的预备教员。教研室有了党员、党支部、团支部，对数学教研室建设发展和政治进步起了很大的推动作用。

高院长对数学教研室的教学改革，提出了数学与专业结合、加强师资队伍建设两个问题。在数学和专业结合方面，要求数学教研室开设的课程，一方面要满足学生学习专业课的要求；另一方面要加大学生参加野外生产实习中用到的数学知识的教学力度。通过任课教员调研，教研室决定：根据专业特色开设数学课程。教研室支持与地质专业教师合作，开展数学在地质学方面的应用研究。

高院长非常重视并一直推动数学师资队伍建设，他认为教师的职责是"教书育人""为人师表""良师益友"。数学教研室落实高院长的意见，要求教师树立全心全意培养社会主义地质科技人才教学理念，要根据高等数学的学科专业，熟悉学科的基础理论，研究教材，认真备课，精讲多练。讲授学科的研究对象、概念、理论、计算法则与应用。要求全体教师要经常深入学生班级，谈心交心，指导学生学习。引导大家认识数学理论,遵循"实践—理论—实践"的原则,某些计算遵循"量变质变"的数学哲理,增强了师生友谊,实现了共同进步。

高院长重视并大力推动的数学教学改革,促进了教研室教师的政治思想和教学质量大步提高,在学校举办的一次教育革命展览上获得好评。

作者简介

彭文能,男,1934年5月生,教授,中共党员。1952年9月1日考入四川大学数学系就读,1956年毕业后一直在本校从事数学教学工作,1994年退休。

高元贵院长是教育工作的一面光辉旗帜

万天丰

每当谈起高元贵院长,我的思绪又回到50多年前的日子。那时,我作为一名20多岁的年轻教员,有幸在高院长的直接领导下,参与了基础地质课程的教改工作。在那段时间内,发生了许多令我终生难以忘怀的事情,让我受益良多。

作为一位知识分子出身的高级领导干部,实事求是,尊重人才,爱惜人才,是他一贯的作风。他和我校首任院长刘型一样,亲自认真地抓教学工作和教学改革,以此作为北京地质学院党委第一书记和院长的首要任务。

1958年,高院长来到北京地质学院,当时正值"大跃进"高潮,学校正常的教学秩序受到了冲击。他想提高学校的教学质量,阻力是很大的,其难度也是可想而知。所幸随着国家形势的变化,高等教育转入调整、巩固和提高质量的时期,经过高院长努力和多方联动,从1960年开始,北京地质学院的教学改革,包括教材建设、师资培养都列上了日程。特别是1964年后,周口店教学实习、多起与生产实践结合的现场教学、考试的改革都取得了成功,更使地院的教学工作进入到了一个鼎盛时期。

为了提高全体教师的思想理论水平,他在多个周末的下午,在教职工食堂给全校教师讲哲学,讲自然辩证法及形式逻辑,帮助我们从哲学的高度认识大自然和社会、认识宇宙和地球,以利于提高教学质量。应该说,我这辈子,在教学和科研工作中所用到的一些哲学思想,大多是高院长当时所教的。

他抓教学不仅仅是几个指示,让手下的同事去做,而是亲自上阵,到课堂参与教学工作,甚至还和教师一起到野外现场去检查、听课。记得有一年,他曾亲自带着宣传部部长吕录生、教务处副处长陶世龙,与教研室全体教师一起,到我所带学生的野外教学现场去听课。课后,他们又和我们教研室的全体同事一起讨论,群策群力,让大家一起对我的讲课提出意见。会上领导和同事们一共给我提出了40多条意见与建议,从讲课内容、逻辑结构、语言表达方式,甚至手势、语气、体态等,提出了很多宝贵的意见,使我深知自己知识的贫乏和教学经验的不足,促使我不断深入地学习地质基础理论和努力改进教学工作。有这样的好领导在帮助和教育,我们怎么能不努力地提高自身的业务水平,怎么能不认真地搞好教学工作、提高教学质量呢。

1959年起,我在开始讲课时,基本上只会照本宣科,念讲稿,而且学生问我的很多问题,我常常回答不出来,我实在感到自己知识很贫乏。因此,1960—1965年,我曾向在京或校内的30多位各个学科的老专家和老教授请教了在教学中所碰到的许多疑难问题,得到了他们的直接教诲。很遗憾,我没有机会去攻读研究生学位,但是他们却都把我当作"编外的研究生"来教导,使我受益匪浅。他们纠正了我在教学中的很多错误概念,也使我了解了专家们的很多精辟的学术思想和趣闻,使我在地质基础理论知识和教学经验上有了显著的提高,使教学内容更加准确,教学方式更加生动、更加丰富多彩,从而大幅度提高了教学质量。在教学中,我便能更好地讲清许多复杂的地质难题,也积累了较丰富的教学经验。后来,我们在野外教学中提倡"三练"——练思想、练作风、练本领,使学生在野外现场教学与实习中得到全面的锻炼,克服怕苦、怕累的思想和懒散的作风,从而使学生能较好地掌握地质基础理论知识和野外地质工作的基本技能。

高院长不仅抓普通地质教研室的教学工作,而且还对好几门基础课和专业课进行教学改革,使我校在1960—1965年掀起了认真搞教学的好风尚。学校整体的教学质量有了显著的提高,受到北京市和地质部的高度评价,培养出了很多优秀的人才,如温家宝、张文岳等一大批杰出的校友。当时上级就让《人民日报》记者来我校组稿,于1965年春季,在该报第二版上,就以整版的篇幅刊登了我校4篇教学改革的经验总结,其中有一篇教改经验总结是由我执笔的。

要提高学校的教学质量,就必须提高教师的业务水平,就一定要鼓励大家钻研业务。1960年起,在教育经费十分有限的情况下,高院长从全体教师中提拔了一批中青年教师为副教授或讲师,其中最突出的是提拔了年龄刚30岁的彭志忠为副教授,以表彰他在研究矿物晶体结构上的突出贡献。另外,还让每个教研室都给在教学工作中成绩比较突出的一名教师涨一级工资。其政策导向是非常明显的:当教师就必须认真地提高自身的业务水平、搞好教学工作,这是每名教师的本分。

1962年,高院长领导的学院党委首先给我院原副院长王鸿祯教授被摘掉了(错划的)"右派分子"帽子,后来高院长又特地请他当周口店实习工作的顾问,也是以此表明,对这些在运动中受到冲击的教师仍是一视同仁,必须充分发挥他们的聪明才智。

高院长关心人才、爱护人才,对我校一大批埋头工作、积极搞好教学与科研工作的教师都给予热情的支持和认真的保护,如对袁复礼,冯景兰,杨遵仪,王鸿祯,马杏垣,池际尚,於崇文,王大纯,薛琴舫,彭志忠,程光华,等等。高院长不仅成为我们全体教师的良师益友,而且还关心、爱护学校的每一位教职员工和学生,与大家促膝谈心,解决大家存在的各种困难问题。

对于那些有独立见解的教师和学生,他们曾说了一些不一定完全正确的话,写了一些不合时宜的文章,有些学校就把他们这批人当作思想反动而开除了。但是,高院长则是从爱护他们的角度出发,与他们耐心地交换意见,让他们认真思考,避其锋芒,进行妥善处理对待。

高院长不愧为我校狠抓教育工作,努力提高教学质量,办好学校的一面光辉的旗帜!

愿我校各级领导和教职员工都能以高院长为榜样,把搞好全校的教学工作当作首要任务来抓!

 作者简介

万天丰,男,汉族,江苏宜兴人,1938年4月生,中共党员,1959年从北京地质学院地质测量与找矿系毕业后,在本校长期从事普通地质学、应用构造地质学等专业教学与研究工作,教授,博士研究生导师,享受国务院政府特殊津贴专家。

羽翼下的成长——忆高元贵院长

张相平

1952年，中央人民政府作出决定，要在北京市西北郊组建八大学院（北京航空学院、北京医学院、北京地质学院、北京钢铁学院、北京石油学院、北京矿业学院、北京农业机械化学院和北京林学院），从清华大学地质学系地质组调来34名老师、从北京大学地质学系调来4名老师、从当时北洋大学地质工程系调来11名老师、从唐山铁道学院采矿地质系调来6名老师，从西北大学地质系本科3个班调来46名学生，共计101位地学界的名师、专家、教授和学生，于1952年7月14日组建了北京地质学院。这是一所高起点、高规格的高等学府，开辟了新中国地质高等教育的创业史、建设史，为今后的长远发展奠定了坚实基础。

北京地质学院初建时，老革命刘型同志担任院长。1958年7月，国务院任命高元贵同志担任学院第二任院长，同年9月，中共北京市高校党委会批准高元贵同志担任学院党委第一书记。在党政两副重担一肩挑的高元贵同志精心组织、周密安排和正确带领下，全校师生员工狠抓教学质量，狠抓科学创新，狠抓野外实习，狠抓党的建设，经过顽强拼搏，开创了北京地质学院发展史上的辉煌。

我和我们班的同学非常幸运，于1959年9月进入北京地质学院学习，入学时的情境，如在昨日。北京市前门火车站距离学院的路还不近，迎新用的是解放牌大卡车，在大街小巷拐来拐去，大概到了晚上八九点钟的时候车子停下。"下车吧，学校到了！""停在路上，怎么不去学校呀？""这就是学校的学九楼。"当时的北京地质学院没有建造大门，房子旁边挂了块"北京地质学院"的校牌，车子进入学校里面也不知道。当时觉得学校很大，马路笔直平坦，四通八达，楼房高大雄伟，坐落齐整，还有两个游泳池、两块400平方米并排的大操场……不愧是八大学院之一的高等学府，是一个学习成长的好地方。

大学五年的学习生活，我在高元贵院长的羽翼下茁壮成长。成长中的激动、感恩、终生铭记的事情很多，现就一生难忘的几件事记述如下。

一、参加国庆十周年庆典

1959年10月1日是新中国成立十周年国庆日。"十一"前，我们已经在北京市的香山上测量课，白天在山上搞测量，晚上在室内绘图，还要挤时间练交谊舞，因说不会跳舞的不能参加联欢会，因此大家练得特别认真。回到学校后集中练习走方队，方队是按身高排定，一排20人，前后共20排，方方正正的。要求要牢记自己的位置，记清楚自己的前后左右都是谁，不能错位。在训练的时候，高院长曾与其他院领导一起来看望大家，加油鼓劲。国庆节联欢那天参加游行的同学手中除了红旗、彩带、标语牌外，各方队还要有一辆五彩缤纷的大彩车。游行开始了！方队、标语、彩车浩浩荡荡，锣鼓口号震天响。队伍走到天安门时，"毛主席，快看毛主席！""还给我们挥手呢！""毛主席万岁！""中国共产党万岁！""中华人民共和国万岁！"的欢呼声震耳欲聋。我是第一次看到毛主席，心情特别激动，流了幸福的泪水。晚上联欢的时候，各方队都有固定的任务，我们是靠近金水桥西南边，除了跳交谊舞外，还有不少演出，有京剧、评剧、曲艺，还有从地方调来的地方剧，都在天安门前展演。放烟花的时候，更是热火朝天，满天烟花，图案配置精美，还有鸟鸣等声音匹配……我有生以来第一次看到这样振奋人心的场景，回到学校后激动得久久难以入眠。

二、难忘的野外地质实习

高院长反复强调，只有使入学的学生建立了地质思维，才能使他们热爱地质科学、热爱地质事业、巩固专业思想。他还多次指出，不加强野外实习是难以建立地质思维的。在他的坚持和推动下，学院不断完善学生野外实习计划和方案，加强实习基地建设，狠抓实习实践工作，重视学生实习与动手能力培养，加强并巩固学生的地质思维，形成了鲜明的人才培养体系。大学五年，每年都安排野外实习，其中一、二年级安排野外教学实习，三、四年级安排野外生产实习，五年级安排"真刀实枪"的生产实习，同时收集毕业论文资料。师兄们的生产实习是在山西临汾地区1∶20万地质图幅上找矿，同时收集毕业论文资料，都已基本完成。听师兄们讲，论文导师和专家们对论文审读严格按照标准执行，指出了不少问题，其中对野外的地质填图提出了补漏的具体要求，该补的控制点、剖面、重砂金属量、踏勘路线等都要补充，要求暑假前一定完成，这一要求不可更改。我们的第一次野外实习就是与师兄们一起编队，在他们的带领下完成这次补漏任务。记得有一次，我和师兄去补填一个控制点，在1∶20万地质图幅的边缘地区。我们一早出发，走了大约80千米找到了需补点的位置。走得不慢，汗流浃背。时间已到下午5点多，抓紧时间，用了约半个小时完成了定点、填地质图、岩性描述、完成记录等。对于一个点的补填，大家不免议论纷纷，"走了一天路，补了一个点，真划不来！""就因为缺这个点，不符合标准。""为什么当时不把它搞完？""当时觉得1∶20万地质图的边缘，缺个点算不了什么！"然而，仔细想来这件事对我的教育和启示作用很大，它告诉我搞地质工作要认真负责，来不得半点粗心、马虎。还有一次，帮助师兄拉剖面，是在一个不太高、半风化、有点滑的山坡上。师兄说："你拉着皮尺上山吧。"我是来自豫东平原深处的孩子，别说山了，大土堆也没见过。我往山坡前一站，两腿发抖，不敢上去。师兄说："你在下边，我上去！"他手拉皮尺，拿着野外记录簿和锤子，很快爬上山顶，十分利索地完成了分层、打岩石标本、定点描述等工作，我对他很佩服。"这个剖面怎么把它漏掉了？""当时只顾忙别的事情,把它忘了!""现在为什么要补?""专家和老师说必须有剖面资料才能下论断!一定得补上。"无论工作事情再多,地质工作都要有条不紊地搞好,否则漏洞百出,事后要付出更沉重的代价。跟随师兄一路上打的岩石标本、淘的重砂、金属量必须如数背回家,当晚要把它们细化,如果遇到雨天还得把它们烘干,标本、重砂还要编号,整理野外记录等,忙到很晚才能睡觉。

野外实习,是走到哪里就住在哪里,要求与老乡同吃、同住、同劳动,做到缸满院子净。有位来自上海的女同学,实习期间吃炒面,蔬菜少,上火,身上长疖子、嘴上长泡、眼睛上长针眼,还有一身的虱子。第一次野外实习正是国家三年困难时期,面临经济暂时的困难,粮食定量,吃不饱,油水少。实习时,还要求党员干部带头节约粮食。有一位华侨同学饭量大,坚持不住的时候,到农民地里摘生豆角和乌玉米充饥。实习结束时,不少同学浑身浮肿,学校将学九楼腾空让浮肿的同学集中居住,每天发黄豆一斤,以增加营养,恢复体质。

在师兄们的带领下,经过野外实习的锻炼和考验,我们学到的地质知识在实践中得到应用。我们建立了地质思维,巩固了专业思想,学会了看地质图、订控制点、拉剖面、淘重砂,可以熟练地利用地质锤、罗盘、放大镜,学会了如何科学规范地使用野外记录簿,了解和体验了地质工作的艰辛与劳累。在进行野外地质实习时,我们还与工农建立了浓厚的感情,体会到了内心深处的幸福感,这是永生不忘的。

三、引导开展活学活用毛泽东思想,学雷锋做好事活动

当时全国学习毛泽东著作、学雷锋做好事的活动十分热烈,学习交流会、表彰先进大会经常举行。高院长亲自作关于学习毛泽东著作、学习毛主席哲学思想、学雷锋做好事的动员报告,他认为地质学就是研究地球内部构造和外部形态的科学,学习毛泽东著作和毛主席哲学思想就是要在实践中应用,他特别强调要理论联系实际,要在改造

客观世界的同时改造主观世界。他还鼓励大家要学习雷锋做好事,争做积极分子。

记得我们班学习毛泽东著作是从班干部开始的,留下深刻印象的是学习《为人民服务》《纪念白求恩》。刚入学的时候,学校对新生进行入学教育,要求树立正确的学习目的,热爱地质工作,热爱地质事业。在讨论会上,有同学说:"上大学就是要读书,多读书!"有的说:"我上大学要多赚钱,建个小家庭,赡养父母!"也有的说:"学地质可以游山涉水,观赏美好风光!"不少同学也谈了学习地质专业是为祖国多找矿,支援祖国建设,当好建设时期的游击队员。有一位同学说:"填报入学志愿时,我填写了服从分配,没想到被地质学院录取了!"这位同学学习基础特别好,还有一手绘画技术,但学习不专心,想转学,认为学地质是"上山背馒头,下山背石头,又苦又简单",他一心想当工程师。不端正学习思想是不能安心学习,干什么都提不起精神。正在此时,高院长发动的学习毛主席著作、领会毛泽东思想的运动像春风一样吹进同学们的心田。我们多次学习毛主席著作,毛主席说,"我们都是来自五湖四海,为了一个共同的革命目标走到一起来了",还说,"我们这个队伍是彻底地为人民的利益工作的。"经过多次的认真讨论,加上老师进行了耐心细致的思想工作,这位同学有了很大的进步,他认识到"白求恩大夫医术高明,在资本主义国家完全可以得到很好的物质待遇,可他把全部知识精力乃至生命都献给了中国人民的革命事业","而我是中国的青年,却把学习当成是取得个人利益的资本,相比之下,自己灵魂深处的个人主义是多么可怕"。他作了自我批评,检查了自己的个人主义,认真改造思想、安心学习地质。他的进步对班上其他同学的影响很大。入学教育取得了很好的成效,同学们学习目的明确了,学习的劲头鼓足了,班貌焕然一新。

在国家经济困难时期,有的同学未能正确对待困难,在政治上放松了对自己的要求,精神面貌很低落。高院长提出"一方面要加强革命传统教育,一方面要注意劳逸结合,关心群众的生活",还要求我们"分清困难实质,看到光明前途",还说"生活越困难,精神生活要丰富"。我们又学习毛主席著作,毛主席说"在困难的时候,要看到成绩,要看到光明,要提高我们的勇气"。从此我们明确了"没有困难的考验,成不了革命者""经不起风浪算什么中国青年""想起革命先烈流的血、劳动人民受的苦,就给自己增添了克服困难的力量""我们要像高山的岩石一样坚硬,决不向困难低头。"自此,班上不正确的思想没了领地,班级面貌欣欣向荣,昔日北京地质学院先进班集体的精神风貌又回来了。

在同一时期,北京地质学院还开展了甄别工作。高院长要求干部要听取群众意见,改进工作作风,要积极开展甄别工作。有的干部思想背上了包袱,想不通。觉得自己辛辛苦苦干工作,吃苦受累,到头来还受到批评,听取群众意见,做错了还得甄别、道歉。在这个时候,高院长要求大家学习毛主席著作。毛主席说"我们是为人民服务的,我们如果有缺点,就不怕别人批评指出""我们是彻底地为人民的利益工作的"。经过学习,我们觉得要认真改造自己的思想,端正工作态度。干部思想解放了,重新鼓起了干劲,从此干部更加关心群众生活,更耐心地听取师生意见,"稳""准"地开展了甄别工作,干群关系更加密切了。

五年大学就要毕业了,我们再次学习了《为人民服务》《纪念白求恩》。我们都是来自五湖四海,学成后应该回到五湖四海去。毕业分配之前,不少同学纷纷表决心"坚决服从组织分配!""祖国的需要就是我们的志愿""山高路险都不怕""到边疆去,到祖国最需要的地方去"。我们班百分之百地服务组织分配,百分之百地按时到单位报到,投入工作,后来陆续成为了业务骨干,有的作出了突出的成绩,享受了国务院政府特殊津贴,有的担任单位的党委书记,为推动单位的建设发展做出了突出贡献。

1963年2月，雷锋同志的事迹见报后，高院长领导全院开展学习雷锋同志的教育活动。同年3月5日，随着毛主席"向雷锋同志学习"题词的发表，一个用雷锋精神塑造人的教育活动迅速开展起来。学雷锋做好事层出不穷，助人为乐、克己奉公、拾金不昧、做好事不留名、见义勇为的先进事迹处处可见。教室的报栏中有一份《人民日报》，头版头条刊登了雷锋同志的先进事迹，十分醒目。我们班有位同学把它拿回了宿舍，同学知道了议论纷纷，有的说"学雷锋是好事，拿回报纸也是学雷锋，是好事"。有的说"学雷锋是好事，拿回报纸就变成了坏事，应该批评"。这位同学解释说"晚上看报的人少，拿回来学习后第二天送回去就是了！"有同学接着说"学雷锋是好事，拿回报纸影响别人阅览是不对的"，讨论时七嘴八舌，有时还很激烈。为此，我们班安排了一次班会，经过分析和讨论，大家明确"学雷锋是好事，拿回报纸就变成了坏事"。学习雷锋做好事要有分寸，不能影响别人，更不能损害公共设施，否则会走向反面。从此，学雷锋做好事开展得有声有色。

我们班同其他班一样，配备了一台缝纫机，有的系是一个年级一台，我们还配备了理发工具、修鞋工具、木工工具，每名同学还有针线包。在开展学雷锋争做好事的活动中，有的同学成了能工巧匠，有的男生成了"巧姑娘"，不少同学成了"多面手"。

由于毛主席著作学得好，学雷锋做好事成绩显著，我们班被北京市委高校工委评为"先进集体""先进团支部"，肯定我们班是"革命化的小熔炉"，号召北京市各高校的同学学习。《光明日报》的记者到我们班（13591）蹲点采访后，在报上及时报道了我们班的先进事迹，又把我们班推向了社会。

四、加强劳动锻炼，走与工农相结合的道路

当时，党的教育方针强调"教育与生产劳动相结合"。以高院长为首的院党委反复强调，学生培养必须与工农群众相结合，号召学生要

经常参加劳动,培养与工农群众的感情。学院和各系对劳动抓得很紧,每年都安排学生参加麦收、秋收、抢收大白菜等生产劳动,即使在"文化大革命"期间仍安排学生去首钢150厂(轧钢机的齿轮是150厘米)劳动。有时还安排植树和整修大操场等。每年五月底、六月初麦子成熟的时候,学校都会安排我们帮助农民收麦子。我们学会了使用镰刀、搭链等工具,农闲时还到地里除草、护苗。安排抢收大白菜是在北京昌平县,每年深秋季节,大白菜已成熟,必须用最短的时间将大白菜抢收,不然天气一冷就会冻坏在地里。北京市民每家每户都储藏大白菜,整个冬天就靠它们,包包子、包饺子、做馅饼和汤都是它们。抢收大白菜,说起来很简单,干起来难度可不小,把大白菜砍下来就不容易,砍得深了它不倒,砍得浅了它散了架,成了废品。砍刀手一般是老农民,一人砍能供4～5名同学拣。每棵大白菜大的超过10斤,小的也有5斤左右,捡起来还得将老皮扒掉,女同学干起来真不容易。到首钢150厂是参加工业劳动,我辅导的年级中有从农村来的同学,对使用工具、登高走天桥、换工等不适应,但这并没有吓住他们。大家都虚心向老工人学习。我们还请工人师傅讲革命故事,忆苦思甜,讲旧社会受的苦,讲新社会的幸福,很受教育。通过劳动,我们锻炼了身体,学到了劳动知识与技能,与工农群众建立了浓厚感情。有位同学与一位老工人通信交流了5年,毕业后仍然不间断,感情极其深厚。

五、狠抓教学改革,提高教学质量

高院长和学院领导班子经常强调学校工作必须以教学为主,努力提高教学质量,要正确执行党的知识分子政策,团结一切可以团结的人,为社会主义的高等教育服务。提倡学生走又红又专的道路,德智体全面发展,努力培养无产阶级的接班人。

当时对我印象极其深刻的是高院长强调教授要上教学第一线,给学生讲好一门课。给我们上课的有池际尚、苏良赫、曹添、彭志忠、张瑞锡等知名教师。这些老师渊博的学识,严谨的教学,实事求是、诲人不倦的师德师风对我产生了深远的影响,使我受益终身。对我影响特别大的是池际尚老师。她给我们讲授费氏台课,费氏台是费德洛夫法的简称,又叫费德洛夫旋转台。费氏台作为我们岩矿鉴定专业最重要的专业课程,要求有比较高的抽象思维能力和高度想象力。在没有三维动画的20世纪60年代,老师要讲清楚,让学生听得懂,能融会贯通是一大难事。但池际尚老师对教学总是孜孜不倦、精益求精,她经常仔细了解学生的学习难点,有针对性地备课、设计画表、制作模型。在课堂上深入浅出地讲授,同学们听得津津有味,学得兴高采烈,激动不已。所以大家学好费氏台课热情很高,信心十足。

　　费氏台的实习课也是池际尚老师亲自讲授和指导的。上课时,她总是在我们中间走来走去,一边复习讲过的理论,一边实际操作,理论联系实际。费氏台装不上去的,请她来指教;矿物薄片在两个玻璃半球中间滑动了,请她帮忙排除。同学们的问题接二连三,但池老师不厌其烦地一一解答,手把手指导我们操作,直到弄懂学会为止。其中有位同学测出的结果不准确,她就感到很奇怪呢。我们实习用的薄片都是教学专备的,它的矿物成分和光性常数都是固定的。池老师检查这位同学的实验步骤和方法,发现费氏台安装是正确,岩石薄片装得也对,测试的方法也对,为什么测试的结果不对呢?池老师拿他的镜子亲自测了一遍,仍然不对。这位同学说:"池老师,我用的不是您提供的甘油,是我自己配的糖水。"还趾高气昂地说:"这个糖水很好用,岩石薄片在两个玻璃半球中不会滑动。"池老师听了后,不但没有批评他,还表扬了他的创新精神,说:"你这个创新得有科学依据,我这个甘油的折光率与玻璃半球的折光率是很相近的,转动时转角的误差不大,测出的结果是正确的。而你配的糖水它的折光率是多少?"那名同学豁然开朗。这件事使我们受到很大启发,跟池老师不但学到了真才实学,还学到了科学创新。

尊敬的高元贵院长，老师们在你们温暖的羽翼下，把一个班级培养成一个"革命化的小熔炉"，把我这个农民的儿子培养成一名人民教师。我留校当了一名学生辅导员，加入了中国共产党，评上了正高职称。每想到此，衷心感谢党和学校对我们的培养，衷心感谢老师们的辛勤教诲！现在高院长和大多数老师已驾鹤西去，但音容笑貌却常常萦绕在心头，他们的教诲，他们的关心，他们的高风亮节，时时感召我，成为我一生的指引。我非常怀念恩师们！如今我们都已耄耋之年了，身体尚可。请高院长和老师们放心，我们铭记当年您们的殷切教诲和希望，会永远听党的话、跟党走，在新时代新征程的大道上奋斗到底、勇毅前行！

 作者简介

张相平，男，汉族，河南太康人，1937年7月生，中共党员，1959年进入北京地质学院学习，1964年毕业后一直在本校从事教学、管理和党务工作，研究员，1997年3月退休。

我们心目中的高元贵院长

杨巍然　郭铁鹰

高元贵院长是我校第二任院长,从1958年起至1976年调离,在我校工作达18年,他的政绩教绩、思想品格、工作作风、待人接物,都给我们留下了深刻的印象。他是我们深爱和最有威望的好院长。我俩与高院长直接接触只有几次,使我们受益匪浅,终生难忘。

一、思想开阔、有远见、办大事的老干部

1958年,刚到任不久的高院长就提出要大力加强毛泽东思想的学习,结合毛泽东思想的学习,在全院开展哲学的学习。高院长在校团委召开的全院毛主席著作学习小组会议上说,毛泽东思想是马列主义与中国革命实践相结合的典范。他还从哲学、政治经济学、科学社会主义等方面讲了毛主席对马克思主义的发展。他说,毛主席的《实践论》《矛盾论》《正确处理人民内部矛盾》等著作,丰富了马列主义理论的宝库。高院长还强调指出,学习毛泽东思想是为了改造我们的世界观,提高我们认识世界和改造世界的思想水平,要学习掌握毛泽东思想的世界观和方法论。

哲学是关于世界观的学说,是自然知识、社会知识、思维知识的概括和总结,是世界观和方法论的统一。高院长在大力主导学习毛主席著作的同时,积极倡导全校教职员工系统学习哲学,培养有远大理想和唯物主义哲学思维、掌握形式逻辑和辩证法的地质学家。他认为这也是地质科学家成长的必由之路。高院长将毛主席著作、哲学和地质科学结合起来学习,是一大创举,具有深远的意义,事实上已取得了显著成效。

高院长按 3 个层次安排了全院的哲学学习：①学生主要是学好自然辩证法课，为此高院长还与政治教研室自然辩证法教研组的老师研究讨论如何提高教学质量（图1）。②年轻教职员工学习马克思主义哲学，由高院长亲自系统地讲哲学课，每周讲一次。③老教师则自愿组成哲学学习小组，由高院长分别参加小组讨论和答疑（图2）。在全校掀起了学习哲学的热潮。

图1　高院长与自然辩证法教研组教师讨论如何提高教学质量

图2　高院长参加老教师组成的哲学学习小组的学习和答疑

我们区域地质教研室在马杏垣教授带领下，通过积极学习毛主席的《实践论》《矛盾论》著作和高院长的哲学课，总结出了开合构造这一有中国特色的大地构造新理论。开合构造还是我们学习毛主席著作和哲学的产物。

每当我们回忆开合构造观形成的历程，心情总是非常激动，敬仰二位前辈之情油然而生，特写诗一首，抒怀致意。

怀念引路人高元贵院长与马杏垣先生

地球开合探机缘，相辅相成哲理渊，

高院尊师双引领，攀登不止向山巅。

二、狠抓教书育人，一抓到底的老院长

1958年8月，高院长就在校刊上发表文章，提出要进行一次教学大辩论，彻底实行教学大改革。他倡导教学大辩论的目的，就是要大

家明确学校的中心任务是教书育人。他主张的教学大改革有以下内容。

（一）教好地质学的第一门课——普通地质学

他同意把课程名称从"普通地质学"改为"综合地质基础"，使学生一进地质学院的门，就了解地质工作是干什么的、地质学目前的发展现状，以及如何并建立地质思维，也就是他在哲学课中讲的辩证唯物主义思维。他还亲自为1958年入学的学生讲"综合地质基础"的第一堂课"序论"部分。他还带领有关人员去听"综合地质基础"课及其试讲课，还与普地教研室老师讨论教学问题（图3）。

图3　高院长与普通地质教研室老师们研究教学改革

（二）抓教材建设

高院长要求大家编写具有中国特色和符合中国实际的教材，他亲自动员和组织大家编写教材。经过几年艰苦努力，我校终于拥有一套自编教材，并做到好纸印刷，课前人手一册。我们区地教研室不仅编写了《构造地质》和《中国区域地质》教材，而且在编写《中国区域地质》教材的过程中，把编写教材与1960级学生的"中国区域地质"课结合起来,即先由老师将中国区域地质特征和分区情况作简要介绍,然后按大地构造分区,分别由老师带领学生到各个地质单位的图书馆和资料室收集资料和图件。回校后各组分别进行整理、分析、讨论,写出教材的初稿,在此基础上再给同学讲课。由马杏垣讲总论,其他老师分别结合新资料、新认识,介绍各个区的地质构造特征,取得了极好的效果。紧接着,马先生带领所有老师集中到周口店修改讨论教材,正式定稿(图4),由中国工业出版社出版。

图4 区域地质教材编写核心组讨论编写计划

(三)加强学生"基础知识、基本理论、基本技能"的培养,抓好教学实习和生产实习

1965年夏,高院长用了3个月的时间深入甘肃、内蒙古、河南、山西、河北、山东等省区多个生产实习基地,考察总结教学与生产相结合、理论联系实际的经验。我们当时在河南卢氏秦岭实习,正好4个分队集中在卢氏县开交流会。高院长和冯景兰教授(当时学校唯一的一级教授)带领随行人员一起来到卢氏县,赶上了实习分队交流会的结尾,原计划第二天4个小分队的老师分别回自己的岗位。当高院长与县领导见面后,县领导邀请他为该县职工作一场报告。于是,高院长决定作一个时事报告,我们所有成员也参加,报告很精彩。在散会回家的路上,县里干部说,中央来的干部作的报告质量就是高。第二天,他和冯景兰教授一起到分队与师生见面,实地考察(图5)。当高院长得知还有一位女教师张樵英带一个组在西部山区,因交通不便来不了时,他说,我一定要去看他们,他让冯景兰教授在这里调查完后先回去,他当天就赶到双槐树(图6)。高院长还对张樵英说,明天你按原定的计划工作,我跟随你们体验一次野外工作。由于实习队一大早就出发,路程远,山高不好走,我们不同意他去。后来采取一个折中的办法,约定十点左右在附近一个山顶上见面。见面时,高院长坐在山顶听师生讨论地质问题(图7)。这就是高院长抓教书育人,一抓到底的真实故事。虽然已过去58年,每当回忆起这些场景,总令人感怀万分。

图5 高院长(2排左3)、冯景兰教授(2排左4)与五里川小组师生合影

图6 高院长(后排左3)与双槐树小组师生合影

图7 高院长坐在山顶听张樵英小组师生讨论地质问题

三、心系地院建设，关爱教职员工的老朋友

"文化大革命"时，学校经历磨难，再加上迁校动荡，一度人心涣散。在这种情况下，1972年国家计委地质局要求已经多年"靠边站"的高元贵同志出来主持地院工作。同年年底，中共湖北省委任命高元贵同志担任湖北地质学院临时党委书记和革命委员会主任。到任后，面对已经分布到多地的学校，高院长心急如焚，一边马不停蹄赴各地调查研究，了解情况，一边紧锣密鼓寻找新校址，经过各方的努力，几经周折最终定址武汉。他积极筹划购置土地和武汉地质学院的建设规划等工作。与此同时，回北京的老师和职工圆满完成了承担的任务，陆续来到武汉三区五地开展教学和新校址的基本建设工作，校内展现了创业大干的景象。正当准备大干一场的时候，高院长接到了调任地矿部顾问的通知。这时的他仍心系学校建设，心系师生员工。他离开前，到各个点去看望我们这一批老朋友。他鼓励我们说：我们能够把校址选在武汉，已经是最好的结果了，你们要珍惜，努力把学院建好、办好。到北京后，他想方设法要将北京地质学院的老根儿保留下来，生根发芽，开花结果。他到地矿部后，多次找有关领导谈这件事的意义，支持马杏垣带头联系政协委员，联名写信请求在北京成立武汉地质学院研究生部。

亲爱的高院长，您的心愿现在都实现了，中国地质大学（武汉）、中国地质大学（北京）都办得很好，是我国一流大学。地大（武汉）未来城校区已经建成使用；地大（北京）的雄安新址也即将动工。敬爱的高院长，我们非常想念您，您的功绩将永垂青史！

作者简介

杨巍然，男，1933年生，1953年考入北京地质学院地质系。1957年

毕业后，留地质学院地史教研室任教。1960年进入新成立的中国区域地质教研室，教授，博士生导师，曾担任武汉地质学院副院长和中国地质大学（武汉）副校长。2004年退休。

郭铁鹰，男，1936年生，1954年考入北京地质学院地质测量与找矿专业；1959年毕业留校，先后在普通地质教研室、区域地质教研室任教，教授，曾担任地质系主任。1996年离休。

我最敬佩的大学校长高元贵

姚俊安口述　盛宏模整理

我是1957年从江苏常州考入北京地质学院石油专业的,高元贵院长是我最敬佩的大学校长。我入校不久,高元贵被国务院任命为北京地质学院院长,不久又被中共北京市高等学校委员会任命为学院党委第一书记。我与高院长直接接触虽然不多,但印象特别深刻,觉得高院长就是我们心目中的大学校长。现从以下几点谈谈我所认识的高院长。

一、高院长特别重视对教学工作的领导

高院长1958年来校任职的时候,正逢党和国家制定教育方针不久,全国高校都在积极探索贯彻教育方针的途径,特别强调教育与生产劳动相结合。首都高校组织了大批师生奔赴生产第一线。我于1958年赴青海进行实习,当时高院长刚来学院。1959年,高院长主持教育改革,我是去的贵州,地院的各种实习不是去一般的基层,而是实打实地与专业相结合,与地质队签订合同,必须按时提交成果。我们石油专业与贵州省地质局签订了地质填图合同,每个小队填两份图,提交成果时,地质队进行验收并给学校付费。通过这样的安排,我们学到了从事地质工作的真本领。与此同时,学校也有力地改善了经济状况。当时在高院长的正确领导下,学院每年从实习实践中获得的收入,用于购置器材设备以改善学院办学条件。

高院长经常亲临教学现场,与教员接触特别多,所以他能记得学院大多数教员的名字,并知道他是哪个教研室的。

他特别重视在教学中树立先进典型,并对他们进行宣传,重视榜

样的力量和作用。他经常深入各系的教学现场,所以熟知全校教学情况。为了树立教学先进典型,他组织开展课堂教学大师评定活动,树立了4名课堂教学典型,即普查系的刘本培、勘探系的袁见齐、探工系的黄作宾、化学教研室的张永巽,这是全院公认的讲课效果非常好的老师,师生们称之为"四张嘴",对全院教学质量的提高起到了很好的示范作用。

20世纪60年代初,国家掀起社会主义建设高潮,对建设人才有迫切的需求。高校面临扩招任务,师资力量特别缺乏,应届毕业生满足不了。当时学校从高年级学生中选拔了一批学生充实到教师队伍,称为"预备教师"。他们有的分配到专业教研室,有的分配到基础课教研室,我从石油专业被抽调到化学教研室,专业突然改变,我压力骤增,幸亏多次得到高院长亲切的关怀和指导,我在化学教学事业上也逐步走向成熟。

二、高院长给全校教师系统讲授自然辩证法

他特别强调用马克思主义、毛泽东思想指导教学和科研。在这方面,他最大的特点就是不只是一般的号召,也不是作一两次报告,而是系统地给全院教师讲自然辩证法课。当时每周周四下午,他在学院"教工之家"给大家上课,讲解如何运用辩证唯物主义指导教学和科研,讲事物对立统一和质量互变规律。每周星期六下午,各教研室结合自己的专业,对照高院长星期四讲课的内容,研究、讨论如何在各自的教学和科研中运用和贯彻自然辩证法,形成了全校教师学哲学、用哲学的热潮,大大推动了教学和科研工作提质增效。我自己觉得,在运用马克思主义哲学指导教学方面的知识,就是从高院长那里学来的,不少教师与我都有同感。我认为,能系统为全校教师讲哲学课的大学校长大概是不多见的,值得敬佩和赞叹,应当大书特书。

三、高院长与我们化学教研室

许多人都知道高院长是著名的"一二·九"学生运动领导人之一，但不少人并不知道他在大学时学的是化学专业。因此，每当星期六下午"学哲学、用哲学"的讨论会，高院长很自然地就来到了我们化学教研室。高院长的到来经常是静悄悄的，当大家已经坐好时，他总是不声不响地拿个板凳坐在旁边。大家见高院长来了，赶紧站起来欢迎，他连忙让大家不要站起来，要大家继续讨论。他一直在旁边耐心地听大家发言。当然，最后他也要讲话。他会结合大家讨论的情况，作一些深入浅出的讲解，甚或是画龙点睛地点出问题的实质……他的发言给大家很大启发，对老师们影响很大。

他还组织我们化学教研室学习毛主席关于教学方法的指示，指导教师们如何将辩证唯物主义运用到教学中。

高院长对化学教研室的亲切关怀和具体指导，对我们教研室的建设、年轻教师的成长有着深远的影响，使化学教研室形成了优良的传统，如集体备课，以老带新，老教师讲示范课、组织和帮助新教员试讲等。所有的努力和关怀都结出了丰硕的成果。我们教研室曾集体编写了《普通化学》教科书，由高等教育出版社出版，这是我校第一本由高等教育出版社出版的教材。我们的集体备课在武汉市也是有一定影响的，武汉化工学院和海军工程大学的教师经常来参加我们的集体备课。

四、高院长在教学和生活上对我的关怀

我清楚地记得，在20世纪60年代，我还是一名刚走上教学岗位的年轻教师。有一次，我给学生上课，讲完两节课后，突然发现高院长在教室后面的学生中站了起来。当时我非常惊讶，高院长听了我两节课，我居然不知道！连忙说："高院长，对不起啊，我实在不知道您来

了!"他就是这样,谦恭、平和,连招呼也不打,就深入教学现场了。

1973年,在学院南迁的边迁边建的过程中,我们曾一度回到了北京。当时条件十分困难,学校的校舍有一部分被其他单位占用了,所以住房非常紧张,不少教职工没法在校内找到房源。因此,有时也会发生一些争执。当时我爱人正怀孕,迫切需要解决住房问题,我在找房过程中曾与个别单位的人员发生了矛盾。高院长在了解了具体情况后,在极为困难的条件下,立即安排秘书徐乃和执笔写了批示,他签名,不久为我解决了住房问题。

1975年学校定址武汉并开始重建,我们迁汉后曾暂时借住在华中农学院。当时条件非常差,没有幼儿园,为了照看孩子们,需要由老师们轮流值班当"阿姨"。有一次,轮到我们家值班,我爱人由于意外事故发生了骨折,只好由我去当"阿姨"。当我领着一群孩子在操场上玩时,正好赶上高院长带了总务处的负责人刘玉发、校医院负责人曾瑞云到华中农学院检查工作并看望教职工。高院长在操场上见到我就说:"姚俊安,你怎么在这里带孩子了?"我说明情况后,他对随行人员提了要求,他说我们的教员应该在家备课,怎么带起孩子来了?他要求相关部门努力解决教职工的困难,让老师们能集中精力备课、授课。他总是这样心里始终装着人才培养,始终关心群众生活,关心群众的疾苦,一心扑在工作上。

五、高院长与地院的体育运动

地质学院的体育运动,在全国高校有着突出的表现,这与高院长对体育运动的重视和领导是分不开的。他强调开展体育运动不但可以强身健体,对于地质专业学生来说,它还有助于增强信念,提高素质,提升工作能力和生存能力。游泳是野外教学和实习的必备技能,高院长对此非常重视,指示相关部门筹建游泳池,开设游泳课,让每名学生都学会游泳。当时,许多师生都参与了建设游泳池的劳动。由于地质专业野外工作的需求,学校还重视对学生进行攀岩和登山运动的训练。1959年我就接受过登山的训练,在训练合格后拿到了登山运动员的证书。

辛勤的付出,获得了满满的回报。我们石油系的学生曾创造了100米短跑10秒6的优异成绩,这一纪录长时间都未能打破,该同学被选调到了国家队。此外,其他系也在多项运动上取得了好成绩。北京地质学院的体育运动成绩当时在首都高校中名列前茅,这离不开高院长对学生体育运动的重视和强有力的领导。

 作者简介

姚俊安,男,汉族,江苏常州人,1939年8月生,中共党员,1957年进入北京地质学院石油专业学习,1960年作为预备教员,毕业后长期在本校从事化学教学与科研工作,教授,1999年9月退休。

高元贵院长的体育情怀

胡燕生

1958年高元贵同志调任北京地质学院院长,兼党委第一书记。在主政北京地质学院时期,他始终将体育工作置于治校育人的重要地位,根据高等学校体育工作的根本任务,遵循高校体育工作应面向全体学生的要求,贯彻普及与提高相结合的方针,并密切结合地质人才的特点和成长规律,不断改革与探索,逐步形成了"以人为本,文体为用",承载德、智、体全面发展的教育理念和专业特点,发展具有地质特色的体育,促使学院体育工作步入良性轨道,形成了良好的传统和鲜明的特色,取得了骄人成绩,铸就了北京地质学院时期体育事业的辉煌。高元贵院长是一位优秀的教育家、实干家。

我于1961年从北京体育学院毕业,分配到北京地质学院体育教研室工作,至今已有60余载,是北京地质学院时期体育教育事业的亲历者、见证人和受益者。值高元贵院长辞世30周年之际,作为原北京地质学院体育教研室现唯一的在世者,将代表我的同事们追忆当年的体育特色和辉煌,以表达我们对老院长的怀念之情。

一、北京地质学院时期的体育设施,在北京高校中的"两个唯一"

(1)在校园中心修建了两个并连的标准田径场和足球场,另外还配套修建了20多个篮球场、排球场,占地之多、如此良好的体育硬件设施,在北京高校中是"唯一的"。

(2)在校园内,建有两个面积大、功能齐全的游泳池,其中一个为可供游泳比赛用的标准游泳池,当年解放军八一水球队多次在我校游泳池进行训练,这在当时的北京高校中也是"唯一的"。

（3）根据学院专业的特殊要求，教务处将游泳定为体育的必修课，不限姿势和时间，男生至少游100米，女生至少游50米，实现了当年毕业生都会游泳的教学目标（图1）。

图1　北京地质学院时期，丰富多彩的体育活动

(a)20世纪50年代我校东操场群体活动；(b)冬季接力长跑比赛；(c)游泳是我校学生必修的体育项目，图为师生在自己动手修建的游泳池练习游泳；(d)20世纪50—60年代，我校经常举办数百人背着全圈设备，集体攀登京郊西山、百花山、妙峰山、猫儿山等登山活动

二、北地时期开展了独具特色的国防体育项目

为响应当年"锻炼身体，保卫祖国"的号召，学校开展了多项国防体育项目，为此，体育教研室的教师们全部下连队当兵，学习军事知识。当年校园中同学们学习军事项目的热情非常高。

（1）在学院桃园中（现在游泳馆的后面）修建了一座射击场，开展小口径气步枪的射击训练，受到师生欢迎（图2）。

图 2　师生正在进行小口径步枪练习

（2）学院为组建的摩托车队配备了 10 多辆摩托车，并参加了国庆十周年庆典，光荣驶过天安门广场。

（3）学院组建了航海项目水上运动队，运动员步行到颐和园，参加水上训练，同学们虽然非常辛苦，但毫无怨言，参加北京高校比赛总是名列前茅（图 3）。

（4）组织学生分批去北京天坛跳伞塔参加跳伞训练（图 4）。

图 3　20 世纪 50 年代，我校组建的摩托车队　　图 4　我校学生在北京天坛跳伞塔参加跳伞训练

(5)组织学生们参加军事体育项目,开展民兵军事训练,"不爱红装爱武装",增强体质和爱国激情。

三、结合专业特点开展特色体育

20世纪50—60年代,在"锻炼身体,建设祖国"和"为祖国健康工作50年"的浓厚气氛中,北京地质学院校园内的体育锻炼蔚然成风。特别是结合专业特点的体育项目更是一道备受喜爱和重视的靓丽风景线。

(1)每天清晨,运动场和校园马路上挤满出操、晨练、长跑和竞走的人群,"为祖国锻炼"的口号声此起彼伏(图5)。下午第7、8节课是专门的文体和各种社团活动时间,学生不需要催喊,全部积极参与。夏天游泳池爆满,各个运动队,坚持刻苦训练,运动成绩斐然,田径运动员的多项成绩打破全国纪录。北京地质学院男子棒球、女子垒球、女子篮球队组建以来,包揽了1966年前高校比赛全部冠军,校足球队曾战胜北京体育学院足球队,并与八一足球队战成1:1平局(图6~图9)。

图5 1958年初冬,高院长(左3)在操场与正在锻炼的学生交谈

（2）为适应地质工作者野外工作环境的需要，学院把中长跑和负重行军作为体育课教学内容和院系运动会比赛项目，男子负重 10 公斤 5 公里（10 千克 5 千米），女子负重 5 公斤 3 公里（5 千克 3 千米）。

（3）学校运动场周围安装了许多特色的健身器材，在其他高校中很少见到，如虎伏（铁滚环）、荡木、云梯、秋千、木板墙、爬杆、爬绳、沙袋、梅花桩、单双杠、肋木等。

图 6　1959 年，高院长向参加小口径步枪射击训练的学生讲话

图 7　1965 年，校田径队参加了在我校举行的北京市第十届高校运动会后留影（第二排右 8 为高院长）

图8 1964年9月,地质部副部长何长工(第二排左7)、北京地质学院高院长(第二排左6)与参加北京高校游泳比赛获男女团体总分第二名的运动员合影

图9 1964年,我校教职工田径队参加北京市高校运动会获奖归来,受到高院长(第二排右4)等院领导的欢迎

四、在全国高校中率先开展登山运动

(1)1958年6月,中国登山协会在北京举办了我国第一期登山训练营,在高院长的支持下,北京地质学院决定选派8名学员参加,分别是白进效、艾顺奉、朱发荣、仲禹、李并才、周泉英(女)6名体育教师,以及刘肇昌、袁杨(女)2名专业教师。这批学员学习结业后,组成了北京地质学院开展登山运动第一支骨干队伍。1958年8月,参加登

山训练营的教师返校后立即向高元贵院长和有关领导汇报学习情况，并提出建议在体育课教学中开展登山教学，并组建登山队，高院长听完汇报后当即表示支持，并要求立即写报告、订计划，积极筹备。

（2）体育教研室与教务处和有关院系共同研究之后，决定从当年入学一年级新生开始，在体育课中增加登山教学内容，并规定利用学生在野外实习和测量实习期间开展登山教学，在香山和周口店分别实施。当年就收到了立竿见影的效果，深受广大师生的欢迎。在1958年9月入学的一年级新生中有1258名同学参加首批登山教学实践课，并获得国家体委颁发的"三级登山运动员"称号（图10）。高元贵院长还亲自到香山登山教学现场，观摩登山教学，给师生极大的鼓励。

（3）"趁热打铁"。在中国登山协会和以高院长为首的学院领导支持下，经过多方面协调和准备，于1958年12月初，北京地质学院登山队宣告成立，成为全国第一支业余登山队。经过选拔，登山队由46名师生组成，其中有10名女队员（图11）。

登山队成立后，经过短期的训练准备，便开始攀登甘肃境内的祁连山主峰、海拔5120米的"七一"冰川。全体登山队员克服时间紧、没经验、装备不足、天气寒冷等多重困难，于1959年12月下旬成功登顶，开创了我校登山历史。登山队胜利返校后受到高院长及全体师生的热烈欢迎。

图10　中华人民共和国体育运动委员会为登山运动员颁发的三级运动员证书

图11　1959年，高元贵等院领导在香山观看登山教学

登山运动是在北地时期开创的特色体育项目,经过一代一代的传承、发展、创新,到目前为止,已有我校的 10 名登山队员(1 名女生)多次登上世界最高峰——珠穆朗玛峰,彰显了我校特色体育的辉煌(图 12、图 13)。

图 12　1960 年 6 月 2 日 13 时 20 分,北京地质学院登山队登顶阿尼玛卿Ⅱ峰,在顶峰展示国旗和队旗

图 13　1958 年,我校登山队登上了甘肃省境内海拔 5120 米的"七一"冰川。高院长代表党委欢迎登山队员胜利归来

作者简介

胡燕生,汉族,1936 年 1 月 3 日出生于山西太谷县,中共党员,教授。1961 年 7 月于北京体育学院毕业,被分配到北京地质学院体育教研室任教。1975 年随学校迁汉,1997 年 12 月退休。曾任中国地质大学(武汉)体育部主任兼党支部书记,第五届中华全国体育总会委员,中国大学生羽毛球协会秘书长,中国大学生田径、排球协会副主席,湖北省高校体育协会常务副秘书长,湖北省高校老年协会副会长兼文体部长。

一名学子对高元贵院长的回忆

洪昌松 口述　郑贵洲 整理

我是1956年考入北京地质学院，1961年毕业，高元贵院长在1958年以后任北京地质学院院长，我很荣幸能在高院长的领导和教育下完成大学学习。

高院长虽然离我们远去，但他的音容笑貌及爱生如子、平易近人的形象一直深深印在我心中。这次在校庆之际，学校举办纪念高元贵院长的活动，借此良机，我把深埋60多年对恩师的思念讲述出来，以此表达对恩师的感恩之情。

高院长非常重视学生思想教育。他每年都亲自给即将毕业的高年级学生讲一次哲学课。高院长讲课十分注重方式方法，经常跟学生互动，课堂氛围活跃轻松，道理讲得通俗易懂。当时学校还没有礼堂，作大报告都是在北区的大饭厅进行，学生自带小板凳听课。一次高院长给大家讲自然辩证法，核心内容是唯物主义和唯心主义。我记得他给学生提了个问题："你是唯心主义者还是唯物主义者？"有个女生回答是唯物主义者。高院长接着又问："那派你去停尸房守夜你敢去吗？"女生回答："不敢。"高院长平易近人，经常在路上与学生讨论哲学问题，没有一点院长架子。有一天，我从五道口去四道口的路上，看见几位同学围着高院长在说话，我也围过去，发现讨论的问题还是唯物主义和唯心主义。高院长告诉大家，学习专业知识是为祖国服务，要真正做一个对人民和社会有贡献的人，就要学好哲学，做唯物主义者。要做一个真正的唯物主义者，需要通过终身努力才能达到。高院长的这些话也指导了我的人生。

高院长特别重视理论与实践的结合。我们每门功课都会结合实践需求安排相关生产实习。我的专业是煤田地质勘探,有一个月的井下实习。通过实习,对煤矿钻井、爆破、清渣等都有了实际的了解和操作能力,也感受到了工人师傅们对我们这些学生的无私关爱。例如,工人师傅们会告诉我们,在井下,煤矿巷道比较窄时,当听到矿车来的声音时,不能贴着支撑柱站立,而是要站在两个支撑柱的中间。通过在钻机上与钻工一起实习半个月,毕业后到野外队就可以胜任槽探、爆破等工作,良好的教学效果得益于高院长理论要与实践相结合的办学思想。

高院长重视学生体育锻炼。他特别强调结合地质工作开展一些体育项目。例如,曾安排我们在周口店实习站学习登山有关知识,聘请国家登山队教练担任我们登山的指导老师,教我们登山的三点固定法和两人旋转过小溪的安全方法等。最后,国家体育委员会还给我们发了国家四级登山运动员证书。正是得益于高院长的重视,我们学校的师生身体素质都比较好。

高院长十分关心学生生活。1956年刚入学时,学校给每个学生发了两个搪瓷碗。上学时,正赶上饥荒年代,举国上下都非常困难。由于长期营养不良,很多学生出现浮肿,高院长采取果断措施,全部停课,让所有学生在宿舍睡觉,给所有浮肿的同学发黄豆,以补充营养。同时,高院长也努力想办法,利用各种资源和渠道争取社会各方的支持,逐渐改善生活,恢复正常的教学和野外实习。

高院长非常重视学校的建设与发展。北京地质学院迁出北京,到湖北办学,创办湖北地质学院,高院长也随之到了湖北。高院长在逆境中不忘党的教育事业,正是有了高院长的重视,才有了中国地质大学在武汉的发展壮大!

 **作者简介**

洪昌松,男,汉族,浙江人,1938年7月生,中国民主同盟盟员,1961年从北京地质学院地质测量及找矿专业毕业后一直在本校从事测量教学与科研工作,教授,1998年8月退休。

高元贵院长关于教学与科研的见解

王顺金

一、对科学研究的远见

1962年夏,教研室组织大家讨论一下当前教学。会上有人谈到了教师要不要参加科研,二者应当是什么关系。部分老师认为:只要按照教学大纲,把教材吃透、讲好就可以了。以陈光远、彭志忠为代表的则认为:只围绕一本教材讲课是不足的,应扩充该学科领域,参加科研是必要的。持不同观点的老师展开了热烈的讨论。

上述情况不知为何被高院长知道了。在一次周六大扫除时,我们的工区与院办毗邻。工间休息时,高院长遇见了我,询问有关情况后他说,要是有条件、有能力,一定要参加科研。科学在飞速发展,教科书的内容也应及时修正。当前必须首先领会教材内容,严格按照教材大纲讲课与实验,实验必须搞好,以便加深学生对教材的理解,提高其动手能力。

他还说:搞科研,可以从更高的层次,掌握知识与技能,站得高才能看得远。

二、关心青年教师的教学和科研工作

1962年秋天的一个下午,我刚下课,在教研室接到院办打来的电话,告知我高院长要来教研室,并与陈光远老师会面。当时,我是教研室秘书,便去约陈老师与高院长见面。二人交谈时,陈老师让我做记录。高院长询问了教学情况,嘱咐要好好培养青年教师。谈到科研时,高院长说:你领导的成因矿物学科研组很有成效,今后应多让年轻人参加野外考察与室内实验,并且要多进行研判,及时了解当前科学进展。彭志忠的有利条件是可利用教研室的X光实验设备,他应该继续将晶体结构学研究深入下去。

三、支持编写高质量教材

高院长重视教材建设,他多次提倡教科书的编写。当时我们教研室组织编写的两本教材——《结晶学》《矿物学》,我都参加了编写。院长还托人专门为此打了电话,说你们编写的是高等教材,是全国有关专业学生通用教材,务必要编好。我们编写的两本教材,尤其是《矿物学》,普遍获得好评,获"优秀教材"称号。

四、以哲学思想指导教学与科研

高院长以哲学思想武装广大师生头脑,全校开设哲学课。举办专业教师自然辩证法培训班,教育教师以哲学指导教学与科研,将改造客观世界(教学与科研活动)与改造主观世界人生观、价值观结合起来,用哲学思想调动全校广大师生,建立起教学、科研两大中心,把学校建成国内一流的大学。

尽心尽力的高院长是大家学习的榜样,他为人低调,不喜人们对他的称赞,他经常说的一句话是要实事求是,要拼命工作和学习。

作者简介

王顺金,男,汉族,1933年9月生,教授。1956年北京地质学院毕业并留校于矿物教研室任教,1993年退休。

高元贵院长和政治教研室

凌敬昇

高元贵院长是一位优秀的共产党员、一位杰出的教育家,这是我们学校师生员工的共识。

我是政治教研室的教员,正如北京地质学院经过曲折发展,在两地办学一样,我们政治教研室也发展成两个马克思主义学院。学校的发展离不开高院长,我们教研室的发展也离不开高院长。

一、从本校毕业生中留教员进行培养,以充实和壮大政治教研室

高院长是1958年担任院长兼党委书记,主持北京地质学院工作的。1959年初,党委就决定从本校毕业生中抽调政治教员。每系两人,共12人。他们是:地质系崔宝成和凌敬昇;勘探系郭忠信和燕今庆;可燃系陈兆喜和马秉荣;水文系郭立垣和赵碧媛;物探系孟志奇和王勋;探工系李纪曾和王恒礼。出面动员的是党委副书记尹凤翔同志。现在想来,这应该是高院长到任不久主持党委工作做的一项重要决定。

不久,学校鼓励我们去考中国人民大学的研究生,出面动员的是党委宣传部部长吕禄生,考上了五人,其中3人的专业是哲学、1人的专业是政治经济学、1人的专业是科学社会主义。毕业后回校4人和坚守学校教学的岗位都成了教学骨干,负责全校的政治课教学。

二、高院长亲自上哲学课,组建哲学教研组

我当学生时,政治课有"中共党史""马列主义基础"和"政治经济学"三门课,没有哲学课,当然也没有哲学教研组。

1959年春，我们这批人刚到教研室，高院长就牵头着手组建哲学教研组，准备开哲学课。他从我们这批人中要了5人，又抽了4名老教师，陈文波老师是其中一员，并派老干部刘普仓来主持工作。刘普仓是延安来的干部，曾是校总支副书记，后到高级党校学习哲学。哲学教研组成立时为第一任组长，可见党委之重视。那时在北翼楼四层可以经常看到高院长的身影，他常到教研室来和老师们集体备课，商讨教学方案，讲述疑难问题，进行教学示范。高院长和刘普仓同志在学校的教室中讲哲学，要求教研室的老师都去听课。刘普仓讲的是唯物辩证法，高院长讲的是逻辑学，为大家开了先河。这样，哲学组就在高院长的亲自操办下成立了。经过一番努力，较顺利地给五八级学生开出了哲学课，有100多学时，上学期是辩证唯物主义，下学期是历史唯物主义。老师们都是高院长手把手教过的，大家都说，高院长一直强调，哲学课更要理论联系实际。我1962年从中国人民大学回校后，先跟陈文波老师上辅导课，第二学期上讲台，陈老师叮嘱我一定要联系实际，并说这是高院长再三强调的，我努力这样做，联系现实，联系学生思想。我这个学地质的，还联系学生所学的地质知识，效果不错。我当上哲学教研室主任后，在20世纪七八十年代的十几年中，也一直要求大家继承这一传统。在武汉地质学院那段时间里，哲学教学的反映是最好的，校优秀教师也出自哲学教研室，人们称赞的好老师还真不少，王子贤、陈文波、崔宝成、盛宏模、刘爱玲、杨力行、程畅。当然，我也算一个。

三、恢复政治教研室

高院长1972年底恢复工作，1973年就着手恢复政治教研室，出面的是党委副书记聂克同志。我和空军班是先回学校的。聂克同志找到我，让我把大家召集起来，地点就在我们住的学九楼410对面的小北屋。聂克宣布了核心组成员，成员有郝惠庄、曹文满、钟和洁、马秉荣和我。直到1977年,这样政治教研室就算恢复了。由于当时没有多少硬任务,核心组组长不在学校,聂克就要我当一个"秘书长",就是个召集人。1973年至1975年政治教研室的任务,基本上就是通过我这个"召集人"安排的,教研室的一些活动就在那间小北屋内进行。

在这段时间里,我们做了两件实事:一是安排一些同志去进修。当时北京大学办了许多学习班,我们就派人去参加。先后去北京大学学习班的有崔宝成、李纪曾、王恒礼、郭忠信、盛宏模等,学习的内容以原著为主,如《共产党宣言》《反杜林论》等。我那次去学的是《帝国主义论》。二是给当时湖北地质学院招收的工农兵学员上政治课。其实,在此之前,71级的学生,丹江的已由李纪曾上了课,江陵的石油班由王恒礼、郭忠信上了课,空军工程地质班由我上了课,这次就是给72级的上课了。郭忠信给地质力学班上哲学课,马炳荣、李纪曾、我分别给英语班上了党史、政治、政治经济学和哲学。

四、高院长关心学生洪全

1974年春季,"文化大革命"风向有所变化,人们对当时的一些问题重新审视。洪全是物探系学生,思想活跃,他写了一篇讲毛泽东思想的文章。他认为毛泽东思想伟大正确,毛泽东思想也要发展。当时高院长在武汉分院办公,我在武汉地校给英语班上哲学课。因此他找到我,这是我第一次单独见高院长,他拿出洪全的文章给我看,并说:"你们是专门研究这个的,是专家啊,你看看,说说你的意见。"我仔仔细细看了那篇文章,感觉没有什么问题。洪全后来平反了,具体过程我不清楚。

在这次和高院长见面中,还谈及教研室情况。我如实汇报,并流露出我这个"秘书长"的难处。高院长叫我"小凌",鼓励我挑担子好好工作。1980年,我从武汉回北京办事,同在江陵结交的好友万光明一起去高院长家探望他,他再次鼓励我好好工作。

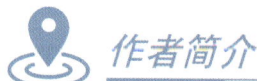 **作者简介**

凌敬昇,男 1935 年 3 月生。1954 年进入北京地质学院地质系普查专业学习,1962 年中国人民大学科学社会主义研究生毕业,教授。曾担任哲学教研室主任、社科系副主任,多次被评为"优秀教师",退休以后在北京城市学院执教 12 年。

我的大学五年——怀念高元贵院长

马振东

一次偶然的机会,我收集到了北京地质学院勘探系金属非金属专业1961级两个班的学生相册和五年的学生成绩登记表,登记表备注中详细记载了各门课程的学时数、劳动、野外实习情况以及参加"四清""社教"的起始时间。70年时间弹指一挥间,我陷入深深的回忆之中,思绪纷飞,感慨万千。

1961年,在高元贵院长"育人治学"办学理念的指导下,北京地质学院形成了"以德立身,以德施教,以德治学"的浓厚校园文化氛围,建立起一套完整、行之有效的地学育人体系。学校办得有声有色,充满生机和活力。学校几位在国内外享有盛名的大师级人物——袁复礼、冯景兰、袁见齐、杨遵仪、潘钟祥、王鸿祯、马杏垣、池际尚、郝诒纯、杨起、曹添、彭志忠等,以及他们的教学、科研团队都是在这个时段脱颖而出的,培养出了一批又一批优秀人才。

20世纪60年代初期,学校对我们开展了丰富多彩的思想政治教育,使我们的思想认识和政治觉悟明显提高,坚定了为地质事业奋斗终生的信念。当时我们共进行了274学时的马列基础、哲学、政治经济学、党史的课堂教学,邀请当时外交部新闻司司长龚澎作国际形势报告,邀请地质部副部长何长工作井冈山斗争革命精神的报告,还邀请高元贵院长作国内形势及台海局势的报告。

在接受思想政治教育的同时,我们还积极参加各种形式的劳动,在劳动中锻炼意志、增强强健体魄。1962年和1963年,我们分别参加通县和中越友好人民公社的农业劳动,共达44天。1963年3月5日,我们响应毛主席"向雷锋同志学习"的号召,"我为人人、人人为我"蔚然成风，21612班1964年度被评为校"四好团支部"（图1）。1965年，我参加社会主义教育运动，与农民、工人同吃、同住、同劳动共4个月。我被分在陕西省渭南县的地质部石油局第三普查勘探大队3006井队，与工人一起三班倒。钻机起钻时，由于井压较高，经常喷得我浑身上下都是泥浆，切身体验到地质钻探工人工作的艰辛。

图1　21612班在1964年度被评为校"四好团支部"

大学五年，学院实行的教学计划为我们打下扎实的数理化基础。我们的数理化基础课共有1076学时，仅高等数学就有160学时。我们专业两个班的高等数学任课老师是顾佛，她认真的态度和细致的教学深深地感动着我们每个学生。我清楚记得，1961年冬天下大雪，晚上有不少学生在南五楼宿舍自习，她冒着大雪到每个学生宿舍逐一答疑，每周高达3次。

我们的地质基础同样扎实。地质基础课共668学时，仅岩石学就204学时，其中手标本和偏光显微镜观察实习课有50学时，晶体光学和矿物学有154学时。"矿物学"任课老师是曲一华，"岩浆岩"的任课老师是路凤香。

从20世纪50年代起，野外实践教学就是学校的传统。我们的地质基础野外实践有3次，共98天。其中，1962年6月4日到7月1日在北京周口店进行测量实习，共28天；1962年7月2日到7月29日在北京周口店进行地质认识教学实习，共28天；1963年6月24日到8月4日在北京周口店进行地质填图教学实习，共42天。通过周口店地质认识、地质填图教学实习，我基本掌握了一套野外地质的工作方法，初步学会观察、描述和分析地质现象。通过两次地质基础实习，我认识到野外地质工作的重要性，在实习中增长了专业本领。

金属2班的带队老师是矿物教研室的年轻教员沈今川，他带着我们实测太平山南坡二叠—石炭系地层剖面（图2）。分工后，前测手和后测手先垂直地层走向拉导线，打导线方向，测量导线坡度角、斜距度；然后观察岩石岩性及变化，分层的标志层，量岩层厚度和产状，观察煤系地层古生物化石等，实时把导线测量数据和观察到的地质现象记录在实测剖面表格和野簿上，同时现场绘制实测剖面图，这是一项同学问密切配合的集体劳动成果。

图2　1963年7月，周口店太平山前21612班合影（前排右2为沈今川老师）

在地质填图阶段，我们金属二班分成六个填图组，张树栋、彭维震、谢文敬、陈莲华和我组成1组（图3），老师将周口店地区1∶5万比例尺的地质图划分为六块，各组按划分范围进行地质填图。我与组里的同学首先阅读前人资料，然后进行实地踏勘，初步了解区内的地质、地形条件，讨论填图路线和时间安排。每天我们在划分范围内进行定点、确定点位意义，观察露头现象，测量地质产状，描述记录，追索和填绘地质界线等，忙得不亦乐乎，回基地还需整理野外资料。后阶段当各组完成了划分范围的填图时，最有趣和有意义的是各组相邻界线或地质体的拼接。我说我是正确的，他说你是错误的，争得面红耳赤，热闹非凡。相持不下,就一起到野外验证,同学们求真务实的学风让我久久不能忘怀。

图3　实习小组在周口店实习站(前排左起陈莲华、彭维震,后排左起马振东、张树栋、谢文敬)

我们专业课时安排也非常多。专业课总共653学时,其中矿床学、矿床工业类型及矿相学216学时,课堂作业10学时。矿床学的任课老师是冯景兰、袁见齐教授,张武雪老师任助教。矿床工业类型任课老师是杨廷栋,矿相学任课老师丰淑庄,实验课是苏联籍伊利娜老师,都是教研室的骨干老师。

冯景兰教授主讲绪论和矿床成因部分。他是我国著名的矿床学家,1960年经他的亲临指导,挖掘出沉睡两百多年的河南小秦岭金矿带,目前小秦岭金矿带Au的资源量达特大型。1965年夏天,67岁高龄的冯老亲赴灵宝县金硐岔金矿区,指导学生开展野外实习,并解释了明代小秦岭地区古人硐内开采方法和矿石选金过程的科学依据。

我们的矿床普查勘探学负重砂测量及地球化学探矿课共182学时,其中重砂测量20学时,地球化学探矿20学时。矿床普查勘探学由汪乾熙老师任主讲,李紫金老师任助教,重砂课是潘月华老师,化探课是崔继昌老师。这门专业课我印象较深的有两件事:一是重砂课人工淘砂实习。就是河床中采集的砂样用淘砂盘在水中淘洗,淘掉长石、石英、云母等比重较小的矿物,留下比重较大的矿物,如黑钨矿、黄铁矿、方铅矿、自然金等矿物。看潘老师的熟练示范操作,心想这有什么难的,可是一旦自己实际淘洗时,手笨拙僵硬,不是把砂样全淘入水中,就是轻重矿物都还在盘中。潘老师告诉我:"刚开始时都不顺手,但只要多练,就能熟能生巧。"后在实验室中反复练习,我掌握了淘砂技巧。二是化探课自制教材。崔继昌老师课前告诉我:"没有现成的化探中文教材,希望师生共同努力,自制教材。"崔老师把从俄文教材中翻译的手稿交给我后,组织同学自己动手刻蜡纸、油印教材。油印的化探教材虽字体不一、纸张粗糙,但大家都十分高兴,上课有自己刻印的教材了。

两次专业教学实习和一次毕业生产实习大大增强了学生的实践能力。1964年8月3日到9月30日,我们在北京密云进行矿床地质测量和矿区地质编录实习,共59天;1964年10月7日到10月21日,我们在河北庞家堡进行"宣龙式"铁矿坑道掘进实习,共15天;1965年5月31日到9月2日,开展了为期95天的毕业生产实习。

这期间,发生了几件让我久久不能忘怀的事情。

第一件事,我们在密云矿床地质测量和矿区地质编录实习的带队教师是徐国风老师(图4)。他是我国矿相学理论和实验的先驱者,在金属矿物标型性学科领域拥有创新性成果,他指导我们在密云实习时

图4　1964年,北京密云矿床地质测量和矿区地质编录实习(第二排右3徐国风老师)

年仅31岁,他专业功底深厚,治学严谨,要求学生严格。我清楚记得,他对学生的野外实习簿逐页逐句逐字修改、批注。他说:"野外记录和编录图件是矿床地质工作的最基础资料,首先要观察认真、记录正确,其次是整洁、美观。"在此期间我学会了钨矿穿脉坑道的两翼一顶的压平法编录方法,沿脉坑道的掌子面素描图。可惜他英年早逝,1989年在武汉与世长辞,终年56岁。

第二件事,1964年10月我们在河北庞家堡进行铁矿坑道实习时(图5),正值我国第一颗原子弹爆炸成功,消息传出,震惊世界,万众欢腾!当从广播中听到周恩来总理宣布这一消息时,整个矿区沸腾了,大家奔走相告,热泪盈眶,激动地高呼:"祖国万岁!"

图5　1964年10月,21612班在河北庞家堡铁矿实习

第三件事,1965年夏天,我的毕业生产实习在河南灵宝县小秦岭金矿金硐岔矿区。由豫01队负责矿区的详查勘探,在矿区老窿调查后,我被分在小金硐岔矿段地质组。分队地质技术负责让我带三个郑州地质学校的学生参加1:2000地质填图。由于在去年矿床地质测量实习中,我基本掌握了大比例尺矿区地质填图的一般工作方法,阅读了矿区地质、金矿脉的控矿构造特征后,填图工作较顺利。在太华群黑云斜长片麻岩中追索控矿的韧性剪切带时,遇到了大片第四系覆盖。请示技术负责后,他同意我们挖槽探追索。我带领组员们在相邻露头出露处反复观察调查,测量各种产状,确定布置探槽的位置。然

而一个尚未毕业的学生要真刀实枪地布置工程,内心还是很害怕的,开始用罗盘在打探槽方向时,手不停地发抖,确定探槽方向无误时,布置了一条近百米的长槽。功夫不负有心人,最终探槽追索到几条控矿的韧性剪切带,我们几个学生兴奋不已。

大学五年,我就是在学校重视实践能力、培养红色地质工程师的方针下成长的(图6)。1967年10月,我离开了母校,赴江西地质局赣西北地质大队报到。进入工作岗位后,从最基础的地质工作做起,不断向老同志学习,向实践学习,向书本学习,不久就把本职工作做得有声有色。

图6　21612班同学毕业留念(前排右起5高元贵院长,右起6王焕党委书记,右起7聂克党委副书记。前排左起2赵鹏大老师,右起3翟裕生老师,前排右1邵锡昌老师)

我在502分队的九江县丁家山铜矿区列石山矿段工作时,1972年通过近两年的地表、钻孔、坑道的详细观察调查和分析研究后,向大队技术负责黄恩邦工程师提出了修正列石山矿段矿体形态产状的认识。大队领导十分重视,指令大队地质科对我用新认识的矿体形态产状绘制的剖面图,结合地表、钻孔、坑道中含矿小裂隙进行实地考察,最终同意我的设计。上钻机验证。通过两条剖面钻孔施工,证实新认识的矿体形态产状是正确的。补充勘探后,列石山矿段铜储量提高了1.7

倍,从小型提升为中型,成为1972年国家计划委员会地质局全国九个有重要进展的矿区之一,我也撰写了研究论文"用毛主席的《实践论》指导找矿",1972年底在瑞金出席了江西省地质局系统学习毛主席著作积极分子大会。

在大学求学的几年,是我人生中最难忘的经历,正是由于在大学求学期间,高元贵院长主导北京地质学院扎实开展教学改革,注重对学生进行系统的地质训练,坚定了我一生服务地质工作的决心。

 作者简介

马振东,1943年生于上海,1966年7月毕业于北京地质学院勘探系金属非金属专业,1967—1978年在江西省赣西北地质大队任技术员,1978年12月—1981年12月就读于武汉地质学院北京研究生部。1982年毕业后留校任教,主要从事地球化学专业的教学和科研工作。从1998年起任洪山区第十一、十二、十三届人大代表,第十二届洪山区人大常委会委员。2008年2月退休。

第三篇

铁肩担义护根脉

缅怀先贤 弘扬精神 砥砺奋进
——在学习高元贵院长教育思想座谈会上的讲话

赵鹏大

各位老师，各位同学，在庆祝中国地质大学建校70周年之际，即将迎来高元贵院长逝世30周年，我们开展纪念高院长系列活动，以此缅怀先贤，弘扬高院长求真务实、勇于探索的精神，具有十分重要的意义。高元贵是一位优秀的大学校长，他铸就的辉煌历史、塑造的崇高形象，影响和感染了一批批地大学子先后成为行业精英、学界翘楚。今天，我们线上、线下聚集在一起，怀着无比崇敬和感恩的心情来回忆高院长领导我们在学校工作的点点滴滴。我的回忆可能很不全面，权当作是抛砖引玉吧！希望通过我的一些点滴的回忆，能够引起大家对高院长的怀念之情，下面我就从以下几方面来作一个简要的发言。

一、政治引领，言传身教指方向

高院长是一位革命家和政治家，在领导学院工作期间，他坚持以马列主义、毛泽东思想引领专业建设和学科发展，这方面是非常突出的。让我们大家记忆非常深刻的一件事情就是高院长亲自主讲马克思主义基本理论，不断加深师生对马克思主义基本理论的理解，提升教师的思想理论水平。作为一校之长，他的工作任务十分繁重。即使这样，他还是数年如一日地坚持系统地为教师、学生讲授马列主义，这一点是非常难能可贵的。他的讲授逻辑严谨、思想深刻，在地质学院师生中引发强烈的反响。听过高院长哲学课的人不计其数，他执着的精神和先进的理念引领着学校的教学、科研水平不断提升。

二、因材施教，尊师爱生传温暖

高院长尊重知识，尊重人才，特别重视做好教师工作。身为一校之长，他没有半点架子，与全院师生员工平等相处、坦诚相见，在共同奋斗中与大家结下了深厚的情谊，成为师生员工的良师益友。对于犯错误的师生，他总是一视同仁地包容接纳，用满腔的热情融化他们心中的冰霜，尽自己最大的努力在政治上保护他们，如某位学生持有某些特殊观点时，这些观点可能是不正确的，但是高院长不是采取生硬的批判或者是警告的方式，而是循循善诱、谆谆告诫，使学生易于接受和乐于听取。他不以校长权威或者地位去压服学生，使学生惧怕或者是口服心不服，这一点，也是很难得的。当时这件事，在学校里有很多不同的看法，众说纷纭、各持己见。高院长这样耐心地对待学生，对不同类型的学生，采用不同的方式动之以情、晓之以理，既使学生认识到自己的错误，也使学生感到亲切、温暖和父兄般的关心与爱护。这样既达到了教书育人的目的，也赢得了师生员工的由衷爱戴。

三、笃学不倦，迎难而上求完美

高院长是读过大学的老革命，自己有过受高等教育的经历。他担任地质学院的院长后，不满足于外行也能领导内行的这种说法，而要尽快地使自己成为内行。他以一个小学生的谦逊态度从头学起，在学校里系统地听取地质类的专业课，还亲自到野外参加地质实习，甚至下矿井了解实际情况。我们都留有高院长在矿井旁边和学生们在一起的照片，他这种虚心学习、不耻下问、不以不懂装懂的态度对待科学问题的精神，是值得我们大家学习的。

四、百折不挠，刚毅坚卓显伟岸

高院长在几十年的革命生涯中，历经风风雨雨，磨炼出泰山压顶

高元贵院长（左四）参观展览

不弯腰的顽强品格。他对待各种突如其来的事件能够处之泰然，从不丧失对革命前途的信心和信念。十年动乱这场风暴是谁都没有经受过的，来得猛烈和突然，很多人不能想象，不能接受，对前途丧失信心。在那一场灾难当中，高院长受到了难以想象的折磨，但他依然能够镇定自若、毫无惊恐地坦然面对。他在磨难中表现出的坚贞不屈、巍然不动的大将风范是很多人都难以做到的。

五、高瞻远瞩，铁肩担道护根脉

高院长具有远见卓识，他着眼于大局，团结各方力量，竭尽所能地维护学校的利益。由于当时的国际国内形势，国家要求北京地质学院等一批大学迁出北京。高院长为了给学校寻找到一个有利于办学的地点，不辞辛劳地四处走访调研，在认真执行选址任务的同时，从学校长远利益出发，坚持光明磊落、旗帜鲜明的立场，向湖北省委乃至党中央反映个人的意见：办一所大学必须有与之配套的办学环境和条件，希望上级同意湖北地质学院在武汉建校。经过高院长的反复坚持，多方奔走，学校在武汉建设的要求终于得到了批准。在迁校动员会上，他要求教职员工服从党的利益，顾全大局，自己带头将户口、工作关系迁到了武汉。在学校迁往武汉的重要时刻,即使身体很差,他也挺身在前,主动作为,带领着大家拼着一股韧劲和干劲,开始了大兴土木的建校工作,边基建、边教学,在栉风沐雨中拉开了南迁办学的新序幕,为后来武汉地质学院和中国地质大学的发展立下了汗马功劳。我们今天能有如此良好的大学发展环境和条件,是与高院长的不懈努力分不开的。在此,我们要对高院长表示深深的感谢和敬意。"吃水不忘掘井人,成功不忘引路人",中国地质大学有今天的发展和壮大,不能忘记高院长的努力和贡献!

斯人已去,精神永存。无论走多远,我们都要记住那些为大学建设和发展作出过贡献的人们。只有铭记历史、珍惜当下,方可行稳致远、久久为功。我们希望全体师生学习和发扬高院长的高尚品德,不忘初心,牢记使命,抓住时代赋予的新机遇,为把我校建设成地球科学领域世界一流大学而筚路蓝缕、砥砺奋进。

 作者简介

赵鹏大,1931年5月生,辽宁清原人,教授,博士生导师,长期从事矿产普查与勘探、数学地质和资源产业经济的教学与科研工作。1993年当选为中国科学院院士。1992年获国际数学地质协会最高奖——克伦宾奖章,成为获此殊荣的亚洲第一人。任武汉地质学院院长、中国地质大学校长长达22年,培养相关专业博士研究生62名、博士后30余名。

高元贵老院长的人格魅力

盛宏模

只要提起高元贵的名字,老一辈地大人几乎人人交口称赞,敬佩有加。老院长为什么如此受人尊敬、富有人格魅力呢?

当然,大家都知道他是当年"一二·九"学生运动的主要领导人之一。但只凭这一点,不见得能享有如此高的威望。

高院长在我校任职和工作的18年,是我们探索办学实践中最艰难的一段时期。1958年,他来校任职时,正值"大跃进"时期。1976年,他被调离学校,任国家计划委员会地质总局顾问时,正值"文化大革命"结束。

困难和挫折时期,最能考验干部。高院长秉持党的实事求是的根本指导思想,在实际工作中表现出一位革命家的胆识和担当,展现了一位唯物主义者思想家的精神风范,深谋远虑教育家的高瞻远瞩。

我是1970年从海军院校转业到北京地质学院的,当时正值十年"文化大革命"时期,老院长正受到不公正的批判,但即使在这一特殊时期,也经常会听到老师们对他由衷的赞扬。

我刚到北京地质学院时,学校由军宣队领导,当时学校已决定整体搬迁到湖北江陵,并于1970年10月更名为"湖北地质学院"。基于他对党的教育方针的正确理解,从党的事业和学校发展的根本大计出发,大胆向中央和湖北省委提出江陵不适合办地质学院,必须重新选址的建议,体现了共产党人实事求是的精神,也深得全校师生的拥护。

早在定址江陵前,北京军宣队曾选址湖南石门,并运去少量教学物资。石门也好,江陵也罢,当时确实不具备办大学尤其是办重点大学的条件。当时,湖北省委领导根据高院长的建议,作出指示:"可以重新选择,但范围限于湖北省境内,武汉市以外"。高院长以大局为重,按照省里指示,在省内找了许多地方,但他坚持办学必备的客观条件,向省委领导报告,省内找不到合适的办学地址,并大胆地向敬爱的周恩来总理写报告,请求总理亲自过问此事。在高院长坚持不懈的努力下,中央和湖北省最终同意学校在武汉市选址,才有了定址南望山下的结果,并更名"武汉地质学院",也才有了地大的今天。高院长在当时条件下,为学校发展谋得了最好的结果。仅此一点,地大人就应该永远铭记高院长。我校曾总结出"南迁小学"精神是:"艰苦创业,勇攀高峰,胸怀大局,初心如磐"。高院长可以说是这一精神的倡导者和模范践行者。

我从军队转业到北京地质学院后不久,很快被分配到学校设在湖北丹江的"五·七"地质队。第二年,高院长恢复工作后不久,就前往丹江检查工作并看望教职工。离开丹江时,许多教职工不约而同地蜂拥至丹江火车站,依依不舍地向老院长送别,人群挤满了规模不大的火车站。站内职工和一些乘客非常惊讶地问:"这老头是什么人？怎么那么多人来送他？"

此外,我还从校史资料和老师们的言谈中了解到高院长许多感人的故事,充分体现了一位革命家和教育家的本色。

中华人民共和国成立初期,我们向苏联学习,高校的许多教学大纲和教材,很多是采用苏联翻译的版本。不久,党和国家提出"教育与生产劳动相结合"的指导方针,探索具有中国特色的教育之路。1958年,高院长来校任职时,当时出现"左"的倾向,但高院长没有跟风,而是尽可能全面地领会党的教育方针,全面贯彻理论联系实际的原则。当大批师生被派到地质队从事生产劳动时,他强调不要放松理论教学,野外生产实践期间要保证一定的理论教学时间,并亲自到各地去检查指导工作。在学校室内教学期间,他则强调基础理论和实践相结合。他的领导作风非常感人,他决不停留在发文件和一般号召上，而是"一竿子"插到底，直接下到基层，经常出现在普地教研室、化学教研室、电工教研室等基层单位，和老师们面对面讨论教学改革问题，经常亲自到课堂听课，有时默不作声地出现在青年教师的讲课现场，有时在野外参加现场教学，与老师们一起总结教学经验。他还同普地教研室的老师一起讨论开设《综合地质基础》课，并亲自讲解地球科学研究的重要性。

他特别重视用马克思主义哲学指导教学和科研，经常亲自给教师们上《哲学》和《自然辩证法》课。对老教授们则采用组织哲学学习小组的办法，亲自加以辅导，共同进行探讨，由此掀起了全校教师学哲学、用哲学的热潮。

高院长深入扎实地狠抓教学、科研，在20世纪60年代，地质学院教学、科研取得了丰硕的成果。在全国首届科技大会上，北京学院路的八大学院中，北京地质学院是获奖最多的学校，创造了建校史上的第一个辉煌。

高院长作为一位老革命家，密切联系群众，做师生的知心朋友。他与受到不公正待遇、受过错误批判的老教授促膝谈心，充分发挥他们的业务专长。他与青年教师多次面谈，关心他们的工作，一个普通工人生病，他专门派人送去慰问品。他能在校园马路上同遇到的普通学生交流思想，答疑解惑，并记住他的名字，关心其成长。他经常在学校工作到晚上11点才回家。他经常利用在食堂吃饭的机会与师生交谈，了解群众的情况。高院长为学校工作倾注全力，呕心沥血。作为一校之长，他平易近人，尊师爱生，全校师生把他当成亲人和朋友，亲昵地称他为"高老头"或"高老夫子"。地大人应永远铭记这位可亲可敬的"高老夫子"。

高院长的教育思想、办学理念、思想品德和领导作风，是我们建校70年来的宝贵精神财富，弥足珍贵。认真加以总结和传扬，对于把学校建设成为地球科学领域世界一流大学具有很大的促进作用。

高院长作为一名杰出的教育家,对教育事业的巨大贡献,对党的教育方针的深刻领会,领导作风的深入扎实。值得学校的领导干部学习,要像他那样一心扑在教育事业上,深深扎根在师生之中,为国家富强、民族复兴作出更大的贡献。

作者简介

盛宏模,男,1936年11月出生,教授,中共党员。1970年从军队转业到我校后,长期从事哲学教学与研究工作,承担本科生和博士生的马克思主义哲学教学任务。1997年在人文与管理学院退休。

殚精竭虑　情注发展——怀念高元贵院长

孟高头

1964年，我考入北京地质学院，高元贵同志身兼院长及党委书记双重职务已7年，1965年7月党委书记一职由王焕同志担任。高院长没有官架子，经常深入教学第一线，和师生打成一片，还亲自给师生上哲学课，他在老革命干部中也是知识渊博的一位，实在难得。

1965年夏，我们水文系1964级学生到中越人民友好公社帮忙收麦。天气热，气温高，高院长冒酷暑亲临现场看望我们，我们深受鼓舞，同时感到他很亲切。

"文化大革命"中，高院长受到冲击，但由于群众基础好，并未受到公开批斗。

1968年，工宣队与军宣队联合进校并掌权。1970年，水文系1964级学生毕业分配。我们留校8人，原定到湖北丹江校办地质队当新工人，7月底到达武汉时又突然接到通知，到北京钉木箱准备迁校搬家。从此，北京地质学院开启了迁校年代。

先是迁到湖北江陵县原五普地质队旧址，算是暂时安顿下来，这里只有茅草房和一座二层楼房，学校改名为湖北地质学院。江陵校址场地小，没有铁路，交通十分不便。特别是搞地质的，要到武汉坐火车去全国各地实习，很不方便。江陵又是大平原，也不符合地院要搬到山沟去的思想。军宣队撤走之后，高院长又恢复原职，重新成为一把手。由于江陵新校址并不适合地院办校，他开始向上级报告，申请重选地院新校址。高院长根据多年办地质教育的经验，深感地院首先应选在交通发达的大城市为好。从最初的湖南石门县，到湖北的江陵县新校址都是不合适的。高院长接手后又到湖北黄石一带考察。最终以他为首的院领导一致认为新校址应选在武汉,南望山一带依山傍水,水、陆、空交通发达,是比较理想的位置,但这并不是能轻易通过的。

时任湖北革命委员会主任的是韩宁夫,山东人,高院长也是山东人,解放前都上过大学,解放初,他俩都在武汉任要职,算是老相识了,相同的革命道路和经历应是他们互相信任的基础。武汉市政府同意接受地院后,又上报国务院,经过4年努力,最终地院新校址定在武汉南望山麓,即现在的南望山校区。这是高院长的一大功劳。

高院长是有名的不唯书、不唯上、只唯实的好干部,是优秀共产党员的楷模,不争名,不争利,深受地院师生的拥护与爱戴,甚至退休多年后以至逝世后,地大师生都没忘记他,还怀念他。1992年11月7日,地大建校40周年时,地大师生将已是84岁高龄的高院长请到主席台上,台下响起热烈掌声,时间长达5分钟之久,连当时的采访记者也感叹,从未见过此情此景,已离休十余年的老干部仍受到如此拥戴,很是惊讶!

现在中国地质大学(北京)在图书馆前为高院长立碑和雕像,以示永久纪念。中国地质大学(武汉)校史馆也有他的事迹介绍和雕像,可见地大人及校友多么怀念他。

作者简介

孟高头,男,1944年6月出生,河北邢台人,中共党员,教授。2005年2月从中国地质大学(武汉)工程学院退休。

缅怀"功垂教业,德励后人"的高元贵院长

魏伴云　陈紫英

高元贵院长离开我们已经30年了,但他的音容笑貌常在我们眼前浮现。

革命战争年代,他出生入死为创建鲁西北抗日根据地立下卓越功勋。社会主义建设时期,他呕心沥血,勤奋学习,夜以继日,兢兢业业,以充沛的精力、饱满的工作热情、实干的精神为我们树立了光辉的榜样。

1958年,他调任北京地质学院院长兼党委第一书记,1976年离校,在我们学校工作18个春秋年华。在任期间,他献身教育、虚心学习、积极探索、勇于改革,忠于党的教育事业,全面准确地贯彻党的教育方针,理论联系实际,创建具有中国特色的地质教育体系,从专业设置、教育计划、教学大纲、教学方案等进行大胆改革。他身体力行,走遍大江南北,白天与教师学生一起上山,晚上灯下讨论、研究、总结"三基训练"基本经验,培养出了一大批既掌握先进地质科学理论,又有很强野外工作技能,能解决中国实际问题的优秀地质科学人才。

他尊重知识、爱护人才,认真落实党的知识分子政策。他认真贯彻"高教六十条"和"广州会议"精神,给知识分子"脱帽加冕",亲自建立和主持"神仙会",与老教师促膝谈心,坦诚相见,集思广益。他常说:"我一天听不到大家的意见,就睡不好觉。"人们亲切地称呼他为"高老夫子"。

他坚持原则,实事求是,为"文化大革命"后恢复办学和迁校、建校作出巨大贡献。

迁校选址、重建新校是地大发展历史中的重大事件。高院长不仅在学校顺利发展时期认真、创造性地执行党的方针政策,带领全校师生员工谱写了地大历史的辉煌篇章,在学校外迁的动荡时期,也敢于坚持"不唯虚、不唯上、只唯实"的原则,认真选址,积极向中央反映、建议,光明磊落地向各级组织阐明选址原则,最后学校终于成功定址武汉喻家山和来旺山(今南望山)的南麓、华中工学院以西、武汉邮电科学院以东、181厂以北地区进行建设。

我们作为第一批赴汉恢复建设新地院的教师,无不为高院长在迁校选址以及后来借用多处教学点招生、上课,与全校师生员工风雨同舟,克服重重困难,为学校再发展所表现出敢于坚持原则、实事求是的高度党性所折服。正是在他高度党性的引领下,处于低谷的学校才再次焕发生机与活力;正是在他的精神感召下,历经磨难的教职工才再次抖擞精神,踔厉奋发,完成南迁办学的光荣使命。

高院长的高尚品德、人格魅力,教育和影响了一代地大人、地质工作者。

1976年上半年,高院长奉调离开了工作18年的武汉地质学院,到国家地质总局担任顾问,数百名教职员工自发赶到武昌火车站送行,当时感人的场面,至今令人难以忘怀。

在校庆40周年大会上,当高院长作为贵宾出现在会场时,掌声、欢呼声此起彼伏,持续超过5分钟,许多人热泪盈眶,这是广大师生员工对高院长发自内心敬仰和爱戴的真情流露!

高院长鞠躬尽瘁、死而后已的工作态度,忍辱负重、大公无私的博大胸襟,肩担道义力挽狂澜的非凡胆识,注重实践、深入调研的务实作风,平易近人、和蔼可亲的公仆意识,艰苦朴素、克己奉公的生活作风等优秀品质和高尚人格,在我们心中树起了一座丰碑。

岁月峥嵘,弦歌赓续。如今地大的发展、壮大可以告慰九泉之下的您,安息吧!我们永远怀念您,您永远活在我们心中,您永远和地大同在!

作者简介

魏伴云,男,1936年2月出生,1959年毕业于北京地质学院探矿工程专业,教授,博士生导师,曾任国家安全生产专家组第一、第二届爆炸专业组专家,中国地质大学(武汉)掘进教研室副主任,安全工程教研室主任,爆破研究中心主任,中国工程爆破协会常务理事。

陈紫英,女,1936年11月,1959年毕业于北京地质学院勘探专业。教授,曾从事稀有金属矿物学(三系稀有教研室)矿床学,流体包裹体地质学等教学、科研工作。讲授过专业英语,参与过流体包裹体的实验室建设工作。

高元贵院长是我们学习的榜样

冯肇全

我们敬爱的高元贵院长在北京地质学院工作了18个春秋。在此期间,他经历了地质教育改革、寻找考察新校址、迁校建校等工作,他都作出了辉煌的成就。

一、积极贯彻党的教育方针

1958年7月,国务院任命高元贵为北京地质勘探学院院长。同年9月,中共北京市委批准高元贵同志任学院党委第一书记。他上任后,就积极贯彻党的"教育为无产阶级政治服务,教育与生产劳动相结合"教育方针。当时,全国教育战线对此进行积极探索。高院长也组织我校师生,到野外参加生产劳动,收获地质知识。高院长迅速动员教师和学生。组织了由20名学生参加的代表队,由王兆纪领队,参加在北京大学举行的首都高校落实党的教育方针誓师大会。当北京地质学院代表队刚到北京大学会场不久,主持会场的同志宣布:我们敬爱的周恩来总理来参加大会了,大家欢迎。在场的高校学生热烈地鼓掌,夹道欢迎敬爱的周恩来总理,他微笑着挥手向学生致意。

与此同时,校内紧锣密鼓地进行全院统一编队。例如我们水文系班,有的同学分到湖南队,有的同学分到河南队,有的同学分到广东队,我和姚其昌分到甘肃队永登县小队。各小队由高年级同学与低年级同学组成,有的小队还有教员参加。高院长以只争朝夕的精神,希望各队尽快踏上征程。当我们甘肃队乘坐的列车通过甘肃天水市时,刚好是中秋节。

光阴荏苒,时间不知不觉地来到了1959年的春天,阳光明媚,生机勃勃。以高院长为第一书记的党委,决定让师生员工进行贯彻党的教育方针的政治思想总结。我们班的同学都说在野外边参加寻找铁矿,边学习,收获多多,硕果累累。总结大家的收获有以下几点:第一,贯彻党的教育方针,实践很重要。第二,在寻找铁矿的过程中,扩展了地质知识,对地质事业更加热爱,将来为祖国寻找出丰富的地下矿藏,建设我们伟大的社会主义国家。第三,在寻找铁矿的过程中,我们跋山涉水,风餐沐雨,增强了克服艰难险阻的坚强意志,锻炼了身体,增强了体质。

二、深入教学第一线的好院长

回顾当年高院长深入教学第一线和热爱师生的往事,我仍然记忆犹新,历历在目。

那是1959年上半年,我们水文系二年级三班在体育老师陈劲松的带领下到周口店地质实习基地进行登岩练习,同时,还有别的班级在周口店搞野外地质实习。高院长到周口店了解野外地质教学情况时,也到登岩练习的地点观察我们登岩。此处山岩约有十米高,居高往下看,真有点害怕,尤其是女同学,更是胆颤心惊。登岩练习快开始时,高院长对我们说:"同学们,要胆大心细,不要怕"。陈老师也说:"同学们,要把绳子的结打好,仔细地检查一遍,不要怕,有高院长给我们鼓劲儿呢!"在高院长和陈老师的鼓舞下,我们个个奋勇努力,圆满地完成了登岩任务,每名同学笑逐颜开,那股高兴劲儿都写在脸上了。

在返回学校的路上,我们兴高采烈,你一言、我一语地说开了。有的同学说:"高院长平易近人,还没见过这样的好领导"。有的说:"高院长工作那么忙,还来给我们登岩壮胆,真是有幸啊!"同学们经过这次登岩练习,收获不少,愉快的心情溢于言表。

高元贵院长不但关心野外地质教学,也关心室内教学。他总会抽出时间去听课,了解教学情况。有一次教研室开会,听教研室主任张志超老师说,在一次课间休息时,曾有学生问高院长,说高中时已经学过物理了,在大学里还学物理有必要吗?高院长回答说:"大学物理课的内容比高中更深,涉及的面也更广,大学物理、高等数学、大学化学都是重要的基础课,只有基础打好了,才能攀登科学高峰,大家好好学习!"

高院长热爱教员。在1960年的一个星期六下午,在教工之家,高院长在百忙之中抽出时间为教员讲唯物辩证法课,现场座无虚席。高院长在讲课的过程中,还不时地引用毛主席的《矛盾论》和《实践论》中的语句。通过听高院长的课,我提高了观察事物和分析事物的能力,受益匪浅。

三、高院长为迁校建校呕心沥血

20世纪70年代初期,国务院、地质部决定,北京地质学院要迁校。为此,高院长带领校址考察小组,到湖北省各地考察校址,结果都不理想。高院长对校址选择的要求极高,最后高院长和校址考察组在经过缜密的论证后报湖北省委批准,新校址确定在武汉市南望山之麓、东湖之滨。这里有山有水、有平地,交通方便,距离武昌火车站较近,距离长江航运站也较近,还有一条公路,经过南望山,这里绿树成荫,气候较好,利于办校,有发展空间。

对于新校址的确定,高院长付出了许多辛劳。在武汉地质学院建设过程中,学校面临许多困难,如招生问题、教学地点问题等。在面临多种困难的情况下,武汉地质学院得到了中共湖北省委、省政府大力的支持帮助。高院长建立了五个教学点,即华中农学院(今华中农业大学,简称华农)、华中工学院(今华中科技大学)、中共湖北省党校(党校)、武汉教师进修学院、武汉地质学校(简称地校),也是教职工家属的居住点。

当时,早上我们从华农到地校上课,下午又回华农,不少老师喊累。时任物理教研室副主任的张待勉老师说:"要说累,我们的高院长最累了,他一边要管建校,一边经常到各个教学点了解教学情况,他真是我们的好院长啊!"张待勉老师对高院长的称赞,说出了地院师生员工的心声。

光阴似箭,日月如梭。我们敬爱的高院长,离开我们已经30年了,他一心扑在党的地质教育事业上,热爱师生员工,他要办好地质学院的决心矢志不渝。他是教育工作者的楷模,是我们学习的光辉榜样。在习近平新时代中国特色社会主义思想的指引下,我们要继承和发扬高院长的高尚品德和优良作风,为实现第二个百年奋斗目标和中华民族伟大复兴的中国梦,不懈努力,终生奋斗。

参考资料:

刘玉发:热爱师生的老院长——深切怀念高元贵同志,《地大往事》(第一辑)

  作者简介

冯肇全,男,1937年2月生,广西人,中共党员,1956年入学,1960年毕业后长期在本校物理教研室任教,教授,1997年3月退休。

热爱师生的老院长——深切怀念高元贵同志

刘玉发

1958年，高元贵同志调任北京地质学院院长和第一书记不久，为了改进学校领导体制，特别是为了调动老教授的办学积极性，组建了第一届院务委员会。院委会由院里主要领导、系处领导代表、知名老教授、中青年教师代表、工人代表组成，我和方玉禹被推荐为学生代表。从这时起，我有幸在几年的时间里与高院长接触。

作为一院之长，他十分重视学生对办学的意见，有时找我到他办公室问一些学生的学习和生活情况。他主持的院务会议，气氛十分民主，能调动每一位参会者的积极性，使其充分发表意见。在院、系领导和老教授发表意见后，他还要问我和方玉禹的意见，总是认真听取学生的意见。在讨论如何减轻师生野外工作负担，特别是背岩石矿物标本的负担过重这个问题时，杨遵仪教授提出背个气球的方案，引得大家哈哈大笑，会场氛围十分轻松活跃。

1958年，国家大办钢铁运动，师生因长时间野外工作，衣服破损得厉害，老百姓形容我们师生"远看像逃难的，近看像要饭的，仔细一问是搞勘探的"。尽管当时学校经费十分困难，高院长还是在会上决定给各位师生发一套工作服。在那段时间，学生的学习负担过重，他知道后提出开展全面教学改革和全面修订教材，提倡教学"少而精"等措施，教授们集思广益，建言献策并身体力行。马杏垣、杨遵仪、池际尚等一大批老教授走上了讲台，冲在教学第一线。各系各教研室纷纷行动起来，高院长亲临第一线，深入教研室调查研究，与教师们共商改革方案，学校很快掀起了教学改革的高潮。

经过一段时间的实践，学校在教四楼举办了教学改革和科研成果

展,进一步激励师生参与教改的积极性。在高院长的主持下,学校形成了"刻苦钻研、实事求是、艰苦朴素、严肃活泼"的校风,影响了几代学子的人生。毕业分配时,绝大多数同学服从国家需要,真心实意要求去最艰苦的地方,去大西北,到生产第一线。

在三年困难时期,高院长十分重视师生的伙食问题,不仅经常到各食堂体验生活,还下决心选派得力干部下食堂蹲点,调动食堂工作人员的积极性。在物资十分匮乏的情况下,尽量改善教职员工和学生的生活,渡过难关。高院长办公室的门总是开着的,教授、学生、普通工人找他都十分方便,他的平易近人、热情诚恳让我十分敬佩。在这短短几年的接触中,作为一名学生,我从他身上学到了很多书本上学不到的知识和革命精神。

20世纪70年代初,国务院和国家地质部通过军宣队、工宣队,下达北京地质学院迁校的决定,王焕同志带队到汉中考察无果,又组成军宣队副指挥邹玉柱、工宣队姜副指挥和高院长三人的领导小组,到湖南省考察选新校址。我作为唯一的工作人员,陪同他们前往。除湘西大山区没考察外,跑遍了湖南省各个地区。

当时石门县人口有六万,只有一条公路和一条水路,礼水(河)水路也只能行驶小木船,交通十分困难,信息封闭。当时正值石门县二中撤校,留下 4000m² 的平房。高院长坚决反对在石门县建校,但军宣队和工宣队宣布就在石门二中建校。一段时间后,又遇上湖北省地质局的第五普查大队(后简称"五普")要从湖北江陵搬迁到上海,江陵腾出五普机关办公大院和机修厂,除有一栋二层小楼外,仅有几千平方米的平房。在湖北省地质局的支持下,又决定新校址由石门县迁往江陵县,于是40多人的后勤队伍和剩余家具,装了3条船运往江陵。后来,军宣队和工宣队又将江西仁和干校和丹江口五七地质队的教职员工迁入江陵,国家运来大批高档木材、钢材,开始在江陵建校。江陵的条件是比石门好些,但高院长还是不满意,他说北京是回不去了,要力争把学校建到武汉市。

1970年11月，我奉命完成学校迁到江陵的相关任务后不久，军宣队、工宣队领导的"批清"运动便开始了。我回到北京即被他们隔离审查，结束审查后，让我从北京回到武汉。高院长亲自找我谈话，让我放下包袱，大胆工作，高院长安排我到他直接领导的迁校办公室工作。

在北京地质学院迁往武汉市的过程中，高院长在他的老战友、湖北省省长韩宁夫的支持下，从选定校址，到选定武汉市五点办学，即武汉地质学校、湖北省委党校、武汉教师进修学院、华中工学院、华中农学院作为接待迁校武汉的教职工和家属临时居住，后来成为教职工坐公共汽车来往上课的教学点，直到20世纪80年代初，陆续集中到喻家山和南望山南麓的新校址。这个复杂的过程都是在高院长亲自指挥、具体指导、细致安排下进行的。那时他已是67岁的老人，身体又虚弱，饭量很少，长时间一顿饭仅吃一个馒头。有时，他在汉口工作的女儿女婿来看他，带点他爱吃的，他也吃不了多少。晚上睡眠长时间靠安眠药维持，可以想象他老人家是用多大的毅力来做好迁校工作。

1975年8月，京汉铁路因板桥水库发大水被冲断停运20多天后恢复运行，通车第一天，军宣队将200多户教职工近1000人，一个专列从北京运到武昌站，高院长亲自到车站迎接。从湖北省各高校借来一百辆轿车和一百辆卡车把大家送往五个接待点后回到地校时，他说这仅仅是开始，恢复办学的困难还在后面。第二天一大早，他老人家还不放心，叫我陪他到各点看看安排得如何，看看教职工和家属到武汉第一个晚上过得怎么样。因为各户都不具备起灶的条件，各点新办的食堂是他检查的重点。当看到职工到食堂打饭还满意时，他露出了笑容，这是我几个月来第一次看到他的笑容。他处处为职工着想，也懂得职工的心。

对于外迁，他说作为一个基层干部、一名共产党员，必须遵循民主集中制原则，事前、事中可以积极地反映个人意见，一旦上级决定了，我们还是要服从上级，执行上级的决定。这就是老一辈革命家为党立功、为国贡献、为教育事业献身的优秀品质。当他68岁调离学校时，数百名教职工自发到武昌火车站送行，含泪告别，那动人的场面是他老人家热爱师生的生动体现。我作为一名学生和干部，有幸较长时间在高院长身边工作，受益匪浅。现今京汉两地办学的兴旺景象，也是高院长他老人家呕心沥血，奋斗18年的结果。

 作者简介

刘玉发，男，1935年生，1955年考入北京地质学院普查专业，毕业后留校工作，曾任普查系党总支书记、中国地质大学（武汉）党委副书记、中国地质大学（北京）副校长。

我印象深处的高元贵院长

范永香

高元贵同志于1958年7月被国务院任命为北京地质学院院长，同年兼任学院党委第一书记。他是"一二·九"运动的领导者之一，在鲁西南领导军民开展抗日斗争、解放战争，是一位老革命、老英雄。国务院委派高元贵到北京地质学院担任主要领导职务，充分表明党和国家对北京地质学院的高度重视。高元贵在北京地质学院担任领导职务期间，总是谦逊低调，从来不讲自己的辉煌历史。

一、将党的领导与思想政治工作紧密结合

党的领导是办好大学的首要因素，实现党的有力领导，任务是非常艰巨的。高院长将党的领导贯彻到学院教育管理的全过程，他不是泛泛地强调，而是根据国家要求，按照自己的深刻理解将党的领导切实贯彻到实际工作中。他把党的方针政策与实际工作紧密结合起来，针对学院业务管理和建设发展提出了一套完整、具体的办法。他在领导学院党委开展思想政治工作时，从最基本的教育目标出发，亲自为教师讲哲学、讲自然辩证法，在全院大兴学哲学、用哲学新风。

高院长把党的领导与思想政治教育相结合，面向广大学生和全体教师做好思想政治工作，不断提高师生思想政治水平，这一点学校应该继承和弘扬。当前，大家对高校加强思想政治教育的重要性都有清醒的认识，但最关键的是要提高水平，不论是学生辅导员，还是思想政治理论课教师，在教学中都应该通过增强感染力来教育学生，身教重于言教。高院长在对学生进行思想政治教育时，要求不图近利，要图长远，要立足人生观的建立，对学生进行爱国主义教育，教学生如何做

人。我觉得高院长在培养专业人才时重视思想政治教育。我刚留校任教时,担任冯景兰老师的助教,冯景兰老师经常提到,高院长总是以思想政治工作为重点,这一点非常关键,他是真正抓住了办好大学的核心。

在高院长这一理念影响下,我在教学和学生培养中一直很重视思想政治工作,坚持以德为先。我指导了很多名博士研究生,我们之间思想交流非常活跃,平时交流中讲真话不讲套话。我教育学生在大是大非的政治问题面前,必须要有清醒正确的认识。中国共产党有崇高的信仰,从血雨腥风中走来,在中国离开了党的领导,什么事情也办不成,这就是新中国为什么能战胜各种困难,取得一个又一个伟大成就的根本原因。所以我始终要求学生树立崇高的理想,增强责任和担当意识,把为国家做出贡献作为人生的奋斗动力。

二、高院长特别重视教师队伍建设

他时刻提醒并要求老师们,在教学中要把教育与培养学生的地质思维放在重要位置。高院长认为,最重要的是要培养学生的学习思维,地质思维跟别的学科不一样,地质都是通过观察现状来恢复它的历史,叫作见微知著,就是我拿一个样本,我知道这个东西产于什么环境,几个点连在一起形成片,知道这一片当时是什么样的。地质学发展很特殊。比如说,过去这里是一片大海,怎么来的呢?就要联想是海上沉积物经过多少年,隆起后变成陆地,岩石是海上沉积,据此这个地方在过去是大海。

高院长十分关心帮助业务骨干教师。高院长做骨干教师思想政治工作,更多是关心、想方设法调动骨干教师积极性。例如王鸿祯教授曾担任北京大学秘书长,地位很高。据王先生讲,他曾被定为右派,但在高院长的关心和鼓励下,他坚持不懈奋斗、勤奋工作指导培养了很多研究生,主编了亚洲地质图,取得了重要的科研成果。

三、为学院定址武汉恢复建设奠定基础

北京地质学院于1970年迁出北京后,相继更名为湖北地质学院、武汉地质学院,最后演变成中国地质大学。这个过程充满着困难、艰辛和反复,学校得以生存和壮大,非常不容易。高院长在这一过程中起着举足轻重、谋划定盘的作用。

学院迁出后,一开始定址在湖南石门县,交通不便。把家具、床都运过去了,后来又回到江陵,我在那里住了近两年,交通、人文、环境等各方面都不适合办大学。之后,在高院长的坚持和努力下才终于定址武汉。

在定址武汉恢复建校初期,各方面条件都非常艰苦,但学院充分依靠全体专业教师,一边建校一边招收并培养学生。在此期间,高院长肩负的工作任务十分繁重,但他始终关注教学和人才培养工作,反复强调人才培养要与生产相结合,要处理好劳动与安全的关系,突出地学人才培养特色,完善专业结构和人才培养体系,持续拓展国际化办学方向。高院长用他那瘦弱但比铁还硬的肩膀挑起了学院重生的重担,护卫了学院根脉。

 作者简介

范永香,男,汉族,江苏淮安人,1935年1月出生,中共党员,1956年从北京地质学院矿产地质及勘探专业毕业后,一直在本校从事矿产地质勘探专业教学与科研工作,教授,博士研究生导师,2005年2月退休。

第四篇

关爱师生显真情

回忆老院长高元贵

庄严口述　曾岩整理

我今年98岁了,是"文化大革命"前北京地质学院院长办公室秘书科科长,曾经与高元贵院长共事多年。虽然已经过去半个世纪了,但对高院长平易近人、工作认真、关爱部属的品格作风至今记忆犹新。

1958年,高院长刚到院里,就深入教学一线调查研究,找教授专家咨询,与教师、学生座谈,我和徐乃和(院长秘书)经常随院长加班工作到深夜。他强调不可盲目照搬苏联经验,要结合我国地质工作实际设置专业、安排课程、改进教学,并组织教师编写我们自己的教材。他对学校的培养目标、学制安排、专业设置等做出系统规划,全面提高了学院的教学质量和水平。

高院长十分重视师生队伍的思想政治建设,提出要对师生进行系统的马克思主义基础理论教育,他亲自给机关干部、教授讲师、学生干部上哲学课,启发教师用哲学原理深化地质学科的教学内容。他还给学生讲革命传统和形势政策,促进全院师生员工树立正确的世界观和人生观,当好社会主义建设的"游击队员"。

高院长针对地质工作离不开跋山涉水的专业特点,强调学生和教职员工都要加强体育锻炼,强健体魄。他筹划建设足球场、游泳池等体育设施,组织全院开展群众性体育活动,并带头利用课余时间进行体育锻炼,把北京地质学院的体育工作办得有声有色。

高院长关心部属、平易近人。他体察身边工作人员疾苦,当得知我孩子多,都在长身体,饭量大,粮食不够吃时,立即给我申请每月补助7斤粮。他抚养烈士子女如同己出,还经常资助生活有困难的司机和工友。困难时期,他深入群众嘘寒问暖,给教授开营养餐,自己却每天吃大食堂的饭菜,和群众打成一片,成为师生员工的好朋友、知心人。

高院长在政治上关心人、帮助人,"十年浩劫"中,他了解到我遭受政治冲击,我爱人被隔离审查时,不顾个人风险,主动帮我了解情况,劝导我一定要相信组织,正确对待组织审查,在关键时刻给我热心的关怀和照顾。

在高院长逝世30周年之际,我们深切地怀念他。他的高尚品德和人格魅力,激励我们克服困难、努力向前!

 作者简介

庄严,女,1925年10月生,中共党员,1943年参加革命工作。1953年8月到北京地质学院工作,1976年因病离休。

高风亮节，贵如珍宝——高元贵院长二三事

陈安民口述　王宗廷执笔

一、大事要大抓，小事不小抓

1975年，当时的"文化大革命"持续开展，高等教育仍然处于停滞状态。当时，北京地质学院几经周折，由北京迁至湖北省江陵县，称之为"湖北地质学院"。但江陵的条件难以满足办学的要求。经过高院长的努力，湖北地质学院获准搬迁至武汉，更名为"武汉地质学院"。

作为一名教育家，高元贵同志面对当时的客观形势，做出了缜密的思考和判断。他看到"三个渴望"：一是全国地质行业人才奇缺，青黄不接，断层严重，处处求贤若渴；二是全国无数青年学子求学心切，渴望进入高校深造和提升；三是广大教师职工也十分渴求重返讲台，一展身手。这渴望的目光和心灵的呼唤，深深地触动着高院长。但当时全国还没有恢复高考，他以大无畏的革命精神和魄力，决定"一边建校，一边办学"。尽管困难重重，也要迎难而上，在武汉分散办学。

当时有3个办学点，分别设在武昌县华林的湖北教师进修学院（简称"进修学院"）、华中农业学院（现为华中农业大学）、汉口地质干校。我们地质系在昙华林，1975年开始招收5个班，池际尚教授任主任。当时的办学条件，真不是一句"困难"所能概括的。没有足够的桌椅板凳供师生教学、学习之用，上课时有人竟然站着听讲；没有充足的住宿条件，一个宿舍的床位由任课教师轮流使用；没有足够的后勤保障，一个小小的锅炉，开水都不能满足供应，闹"水荒"是经常的事。更为严峻的是"吃饭"问题。在那个"计划经济的票证时代"，买菜、买副食等，都必须依证而行。有的时候，即使有票，也不保证能买得到，时不时地就会出现"无菜可炒"的窘境。

那时,我是地质系办公室主任,每天为解决诸如此类的问题,东奔西走,多方协调,争取有关部门和领导的帮助和支持。但并没有从根本上解决问题。

池际尚教授作为德高望重的专家、学者,精心谋划全系的方方面面,同时,也非常重视办学条件的改善和建设,作出了呕心沥血的努力。

尽管条件如此艰苦,但是师生员工并没有抱怨,而是在艰难中奋起。老师认真教,学生认真学,员工认真干。当时,任教的都是具有丰富教学经验和高深学术造诣的老先生。於崇文、张本仁等老师都在进修学院上过课。年轻教员承担助教工作,踏踏实实,一丝不苟。地质系呈现出一派生机勃勃的火红局面。

高院长知道了我们的具体情况后,一方面高度肯定了师生员工的奉献精神和克服困难的勇气,另一方面十分重视办学保障的问题。他从改善办学条件、关心群众生活的角度,见微知著,采取一切可以采取的手段和渠道予以缓解、解决。真要感谢高院长的关心和关爱!

高院长牢牢把舵学院的发展,虽然"创业艰难百战多",但仍然把师生员工饮食、住行放在心上,亲自解决、落实。这种大事大抓,小事不小抓的扎实作风,至今令我记忆深刻,极为敬佩,由衷感动。

二、春雨润木,自叶流根

1963年,《毛泽东选集》四卷本出版,当时正在北京地质学院地质系60级地化班读书的我,虽然经济不宽裕,也急忙到西单新华书店排了很长时间的队,购买了一套。抚摸着崭新的、散发着浓浓油墨香的《毛泽东选集》,我心花怒放,爱不释手,十分激动。

《毛泽东选集》买回后,在班内引起了不小的"震动"。同学们争相阅读、学习、讨论,结合实际,活学活用。

但由于班内同学人员复杂,家庭背景、个人经历、思想层次、认识水平等"各有千秋""形形色色",在学习《毛泽东选集》时也出现了各持己见的情况。大多数同学都积极、主动、认真地学习,下功夫、花气力、努力地领会和理解。可也有同学对学习《毛泽东选集》不以为然。

同学们之间的争论、争执、争吵,激烈不已。几乎每一个人都卷入其中。一时间,形成了以观点异同而划分的派别。相互之间,谁也说服不了谁。有的人竟写了小字报,张贴在教学楼等公共场所。搞人身攻击的,也不乏其人。同学关系、班级秩序、学习和生活气氛处于一种"紧张"的状态。

高院长了解到我们班内出现的争论后,十分重视。既没有扣帽了,也没有打棍了,而是准确把握这个契机,加强对学生的思想教育和人生指导。

1964年冬天,高院长把我和相关持有不同观点的同学,召集到他的办公室。一进办公室,大家都很忐忑、紧张。高院长热情、和蔼地招呼我们落座。他的平易近人、温文尔雅,一下子缓解了大家的拘束和紧张,气氛缓和了许多。

那天高院长对我们的教育,概括地讲,可以归纳为以下五点。

其一,高院长热情满满地肯定了同学们学习《毛泽东选集》的积极性、可贵性,指出学习《毛泽东选集》不是可有可无的,而是青年学生的必修课,要坚持、发扬、总结、推广。继而,他又站在育人的高度说道:"青年人读书求学,决不可忽视灵魂的塑造,要始终把思想政治成长放在头等重要位置,注重自己的政治素养,真正在政治上站得住、站得稳、站得牢,这是关系一个人一辈子的大事。"

其二,高院长旗帜鲜明、毫不掩饰地指出:"说《毛泽东选集》中《实践论》《矛盾论》过时了,这是不应该的,是不对的,是不可坚持的,是错误的。"这两篇文章虽然说产生于战争年代,但其中的哲学思想和理论真谛是完全正确的,并且已经被实践证明了的。不存在只有在写作年代有用的问题。他特别指出:学习《毛泽东选集》,不能简单地从个人好恶出发,停留在表面,要真正钻进去,全面、准确领会和掌握毛泽东思想的精髓,要有正确的学习方法和思维,决不能单凭自我感觉妄下结论,更不要不负责任地到处散布错误言论。在学习政治理论时,切记不可浅尝辄止,不以为然、自以为是、想当然,都是要不得的。他深情地对学习《毛泽东选集》持不同看法的同学说:"在政治立场上,在理论认识上,不能任性,要讲科学。"

其三,高院长对主张并积极学习《毛泽东选集》的同学给予了肯定和表扬。指出:学习政治理论,学习《毛泽东选集》,是政治成长的有效途径,要在全院、全系总结推广。号召同学们把政治学习扎扎实实地开展下去。他热切希望我们不断坚持,不断改善,不断提高。

其四,对我们曾经出现的不能正确对待不同意见同学的问题,进行了耐心的教育,指出:我们看待一个人,不能只凭一时之言论就断定。一定要坚持辩证唯物主义的方法论,全面分析。不能"一叶障目,不见泰山"。

其五,高院长还对我们说,我希望你们都要好好想一想自己的所作所为,好好想一想其他同学的所作所为,从更高的标准和角度检查自己的思想、行为。对的,坚持;错的,改正;不足的,加强。他真诚地希望持不同观点的同学,注意相互之间的团结。要加强和有不同意见同学的团结。坚持原则,互相学习,在相互包涵中,修正错误,共同进步。

在整个谈话过程中,高院长和颜悦色,轻声细语,如春风化雨,滋润着我们每一个人的心田。不知不觉一个多小时的时间过去了。尽管高院长的有些话,我们当时并没有完全理解,却也醍醐灌顶,大家深受感动和鼓舞。

高院长作为一院之长,有多少事情等待他处理。然则,他却能放下架子,亲自直面我们进行教诲。每念及此,无不感怀至深!高院长的革命热情、理论功底、哲学思想、教育韬略、育人情怀、工作技巧,等等,真真是我们的根和魂!

 作者简介

  陈安民,男,1938年12月出生,山东人,中共党员,研究员。1965年从北京地质学院地质学专业毕业后留校工作,1999年5月从中国地质大学(武汉)经济管理学院退休。

记忆中高元贵院长的往事

辛建荣

高元贵于1958年7月被国务院任命为北京地质学院院长,同年9月起兼任北京地质学院党委第一书记。1970年北京地质学院启动南迁,进入一段辗转迁徙、恢复建设的特殊岁月。经中共湖北省委批准,高元贵从1972年12月起,担任湖北地质学院、武汉地质学院临时党委书记、革命委员会主任。无论岁月更迭、时光流转,高元贵院长一直是深受中国地质大学师生员工、广大校友尊敬的老领导。他平易近人,幽默风趣,谈笑风生,深受同学们喜爱,同学们都习惯地叫他"高老头"。

一、激情满怀的瘦老头

我们第一次认识高元贵院长,是在学校的开学典礼上。那是1965年的暑假过后,我拿着"欢迎你,建设时期的游击队员"的通知书,来到北京地质学院报到,成为一名大学新生。新生的开学典礼在大饭厅(代礼堂)举行,当主持人高声宣布"下面请高元贵高院长讲话,大家欢迎"时,大家看到一位瘦老头,戴着一副眼镜,走到主席台的报告桌后面坐了下来。我们一听说是高院长讲话,都怀着对大学校长的崇拜和尊敬仔细地听报告。

高院长开始讲话了,首先祝贺大家成为"建设时期的游击队员"。随后他接着说:"我们在你们这么个年纪时,正在积极地搞学生运动呢。当建设时期的游击队员很光荣的啊!能够走出去,到祖国各地,领略伟大祖国的大好河山,美好风光,也只有学地质的学生才有这个缘分。尤其是目前我们国家正处在大搞社会主义经济建设,你们是这

方面的先头部队。大搞建设,发展我国的工业,就需要找矿。我们地质学院的毕业生就是要到祖国各地去勘探,去找矿,不论是高山、平原、五湖四海,都有我们北京地院的学生。他们很辛苦,但是个个不怕吃苦,不怕风吹,不怕雨淋,不怕日晒,不顾疲劳,满怀豪情,坚强勇敢,为祖国寻找地下的宝藏。"这番慷慨激昂的讲话,我们听得入神,很受鼓舞,都很激动。这次开学典礼上,高院长的诙谐、幽默和对同学们的鼓励,我直到现在都记忆犹新。

二、代表学校到部队看望同学们

在全国大力宣传"向解放军学习"的热潮中,学校决定新入学的一年级学生下连当兵,结合实际,到基层学习人民解放军。

在入学后第二年,按照学校的规定,我们地质系一年级新生都要"下连当兵",到部队接受"教育和锻炼"。我们去的地方,是河北省邢台地区解放军某驻地。接受我们的连队,离高碑店不远,属于 48xxx 部队,是一支英雄部队,连队安排我们在"舍身为民的爱民模范——谢臣"班。在赶往连队的路上,传来邢台发生大地震的消息,第二天看到《人民日报》刊登的周恩来总理慰问地震灾区的报道,我们知道该地区已经发生地震了。

有一天,连长让我们集合并告诉大家:"今天上午就不搞训练了,另有任务。"我们集合出发,来到集中点。到这里后一看,下连当兵的班级都来了。原来是学院的几位领导在高院长带领下,来看望同学们。这次来部队,"高老头"可精神啦,穿着一身深灰色制服,很有气魄。同学们高兴地喊:"高院长好!"随后高院长给大家讲话,向师生们表示慰问,他说"我是代表学校领导和全院师生来看望大家的!"他鼓励大家认真虚心地向解放军学习,回到学校要带好头,做榜样。高院长来到同学们中间,询问了我们在部队的训练、学习和生活等情况,要求同学们吃点苦,受点累,这样才能让自己变得坚强。

三、"文化大革命"时期高元贵院长与师生的感情更加浓厚

1966年5月,我国进入十年"文化大革命"时期,高院长也受到冲击。

随着"文化大革命"的发展,全国上下结合一些现象开始冷静思考一些重大问题,人们需要进行思想认识上的交流和辨析。学院内的"文化大革命"组织者经常将"靠边站"的院领导、学者请到会议室参加讨论会。高院长也就可以到学校的一些单位参加会议和讨论,他在这些学习和讨论会上经常坦诚地开展自我批评。那时,我和同学们大多是在学生宿舍10号楼的寝室里学习、开会,在会议或课间休息时,经常碰到参加学习和会议的高元贵院长。看到高元贵院长时,同学们都会异口同声地喊一声"高院长好!"在会议休息或课间休息时,大伙儿都会凑过去和他聊聊天,向他送去一种特别"问候"。时间长了,和他聊天也不拘束了,同学们与他之间交流的顾虑慢慢也就消失了,见到他时总要开个玩笑。有一次,我们与高院长聊天,问他最近的学习收获情况。他告诉我们说"昨天的检查人家说不深刻,所以今天又换了一个题目再作检查"。同学们一听都会心地笑了起来。

 作者简介

辛建荣,男,1946年生,1965年考入北京地质学院地层古生物专业,1970年毕业留校任教。

高元贵院长给我留下深刻记忆的几件往事

沈继方

1958年，我作为北京地质学院毕业班五年级的学生，从7月份开始，跟随带队老师王兰生一起在安徽淮河流域从事三个正上马修建水库库区和坝址的地质勘测工作。年终，实习队近20名各年级学生均已回校，作为实习队长，为修改、完成已上马的水库施工急需的勘测报告和图件，我和王兰生老师在合肥水利厅日夜奋战近20天才完成任务。1959年年初，我提前半年留校任教，得知新来的院长兼党委书记叫高元贵。我曾在全校开学大会上听到他简短的讲话，对其印象不深。随着室内外教学的开展，我与高院长才有些接触，并慢慢熟悉认识了。

首先，高院长很重视对教师的培养。他对教师的要求，我认为主要有两条：一条是必须学习哲学，懂得和运用哲学思想来指导教学和科研。印象最深刻的是，20世纪60年代初期，他办了教师哲学学习班，选派我参加了第二期，为期约一个月，我是班里年龄最小的学员。他亲自讲课，指导大家阅读马克思、恩格斯、列宁、斯大林原著，特别详细讲解分析了恩格斯的自然辩证法。恩格斯的《自然辩证法》一直是我教学备课、指导学生野外实习、编写教材、参加国内外前沿科研项目时的主要参考书和论证依据。第二条要求是必须学习和了解国内外形势，这样才能正确把握自己的方向和目标，因此他常给大家作形势报告。1965年初夏，他带领教务处长袁见齐教授等，到水文、工程地质系的南口教学实习基地考察调研。除亲自到现场直接接触学生、了解场地条件、实习内容和方式等情况外，还在休息日专门为大家作形势报告，详细介绍分析当前的国内外政治形势，这对我下半年参加原地矿部组织的新疆地质局工作团,到乌苏第三地质大队开展复杂的家属工作,起到了很好的指导作用。

其次,高院长具有一个老革命家的高尚品德。在学校迁汉后的建设初期,我与高院长近距离接触较多,对他有了更全面、细致地了解。因高庚当时被选为他的临时生活秘书(按行政级别配备、组织正式任命的原秘书徐乃和被军宣队调派他用)。高院长要求高庚对学校内的一切大小事宜,都必须了解、处理和解决,特别是基层单位、各系老师、工人同志的需求与困难,更要设法给予帮助。当时高庚整天忙得除了吃饭、睡觉,其他时间都不在家,常到晚上11点才回家睡觉,因此他也获得了全校上下一致信赖。高庚同志去世后,在整理他的遗物时,看到他当年在高院长身边工作时,一本本详尽的工作笔记,各方面人员情况的详实记录,大家都深为感动。我们不仅看到了作为老党员的高庚一心为公、关心群众的可贵品质,更进一步看到了领导和指导他的老革命家——高元贵院长的高尚人品。高院长要求对人、对事、对社会都要包容,尊重别人,不允许背后议论其他干部的长短,关心群众生活,特别是要关心落实工人同志的生活困难。

高院长作为老革命,在党的百年奋斗历史上作出了自己的贡献。在艰苦的抗日战争时期,他为鲁西北、冀鲁豫边区抗日根据地的建立呕心沥血,作出了卓越贡献。解放战争时期,他随大军南下,殚精竭力工作,再立新功。在新中国高等教育工作中,他不计较个人得失,鞠躬尽瘁,"不唯书、不唯上,只唯实",敢讲真话,实事求是,为地大留下了弥足珍贵的精神财富。我们深切怀念中国地质大学的重要奠基人高元贵老院长。地大人永远不会忘记他。在创建地球科学领域世界一流大学的新征途上,我们只有团结奋斗,再创佳绩,才是对高元贵院长最好的纪念。

作者简介

沈继方,女,汉族,湖北松滋人,1935年8月生,1959年2月参加工作,1995年9月从中国地质大学(武汉)原水文系退休,教授,中共党员。

我与高元贵院长的两段往事

戴学恕口述　刘翔整理

时间如白驹过隙，弹指间我已度过 91 个春秋，蓦然回首，过往的点点滴滴如沙漏般渐渐弥散而去。但在生命的长河里，总有那么一些珍贵的零星碎片在记忆深处闪烁，令人刻骨铭心，难以忘怀。当我在离退休工作处群里看到"纪念高元贵院长征文启事"时，我记忆的相框里一下闪现出高元贵老校长翩翩的身影、和蔼的笑容。高院长是我们大家非常尊敬和热爱的老领导。作为改革家，他强调大胆创新，勇于探索，带领全院师生步入了地质学院的辉煌时期。作为教育家，他坚持原则，潜心研究，确定了"刻苦钻研，实事求是，艰苦朴素，严肃活泼"的校风，并身体力行地带领师生践行这种优良的校风。他尊师爱才、义薄云天，与全院的师生风雨同舟，并肩作战，成为广大师生员工的知心朋友，我们永远怀念他！

我于 1955 年北京钢铁学院采矿系毕业，毕业后就到了北京地质学院工作。那时候学校已经成立了探工系，"岩芯钻探"课是探工专业最主要的课程。最初，"岩芯钻探"这门课是由李世忠主任讲授的。一年之后，由于工作太忙，李世忠主任就把"岩芯钻探"这门课的教学任务交给了我。当时没有讲义，用的是原苏联专家库的教材。我接手以后，就自己编写了这门课的教程。第一次讲主干课程，心里有些紧张，讲授的效果可想而知。随着时间的推移，讲课的次数多了，讲课的技巧也娴熟了许多。

身为一名年轻的教员，在教学的路上不断探索的我有幸与高院长有过两次短暂接触，至今回想起来，依然感到亲切和温暖。记得在 1964 年冬季的某一天，我接到系里的通知：到长安街海军招待所去见

高院长。当时,我也不清楚去的任务是什么,只知道是参加一个教育方面的会议。我是晚上到达长安街海军招待所的,一进门,就看到高院长坐在沙发上看文件。看我进来,高院长放下手中的文件,问了一句:"你是?"我告诉他我的姓名后,高院长走到我面前,抚着我的肩膀体贴地说:"瞧你满头大汗的,快把外衣脱下来吧!"然后,他指着对面的椅子说:"请坐!"落座后,高院长详细地询问了我的工作情况,包括教学的情况、教材的使用情况、学生的学习情况等方面,之后他又说:"这里要召开一个较高级别的地质教育改革会,参加的都是各地质局局长,还有各院校的一些领导,让你来参加,一是让你了解地质教育的改革现状,开阔视野。二是想听听你们在一线的教师,对地质教育改革有些什么意见和建议。"说完他拿出笔和本子,摆出准备记录的架势。看他瘦削的脸上戴一副黑框眼镜,一双眼睛充满期待地望着我,我顿时感觉方寸大乱,不知从何说起。

那时,我只是一个普通的讲师而已,登上讲台也就几年的时间,没有什么经验可谈,在领导面前班门弄斧,岂不是搬起石头砸自己的脚?见我犹犹豫豫、欲言又止,高院长鼓励说:"不要有顾虑,大胆地说,说错了没关系。"高院长和蔼的态度,让我紧绷的神经放松了下来,想起曾看过一个美国的关于课堂教学的材料,那位美国教育家认为知识学习的最佳方式是发现学习。于是我就借题发挥道:"现在学校的课堂是教师向学生传授知识和技能的主要阵地,根据美国教育学家的说法,课堂教学还应该是一个发动学生独立思考的过程,学生利用教材或教师提供的条件自己独立思考,自行发现知识,最终掌握原理和规律。任何结论,可以不用老师讲出来,而应该让学生在老师的引导下自己得出来,这样才能使知识的表达能得到充分理解……"听完我的叙述后,我们又交流了一些其他方面的情况。眼看时间不早了,我起身准备离开,高院长也站起来想要送我。我又感到受宠若惊、不知所措。见状,高院长轻松地说:"我坐久了,站起来活动活动,路上注意安全!"我这才和高院长道别,离开了酒店。自此在我心中深深刻下高院长亲切温暖、认真负责的烙印,久久挥之不去。

第二次与高院长近距离接触是在他的车上。20世纪60年代的北京城,交通也很不方便。有一天我去城里办事,回来的时候走到半路已经觉得有点力不从心了。突然有一辆警车停在我身边,我猛地一个激灵,和警察会有什么干系呢?正在我疑虑的时候,司机开门下车,走到我跟前,我这才看出来开车的是孙师傅。他对我说:"高院长看见你在步行,怕你累了,就让我过来带你回学校。"我表示感谢后就跟着上了车。在车里,高院长和我寒暄几句后,就开始问我,有没有参加学校的政治学习,听过他的政治课没有,对他讲的政治课有什么意见和建议。我都一一如实作了回答。很快我们就到了学校,各自回单位没有再聊。但高院长一心扑在工作上,时刻关注着民心和民意,尽职尽责的精神让我心生敬意,我们有这样的好领导,对学校和师生来说实在是幸运的事啊!

功勋载史册,浩气贯长空。高院长崇高的品德仿佛璀璨的星辰一样照耀着我们前进的方向,激励着一代代地大人踔厉奋发、赓续前行。和他们一样,爱校、爱岗、爱生,早已成为我生活中永远的主旋律。即使已至耄耋之年,哪怕已经失去了自由行动的能力,我依然默默地行走在帮助贫困学生的路上,向阳而生,逐光而行,此生无怨无悔!

 作者简介

戴学恕,1931年11月生,教授。1951年考入天津大学采矿系,1955年毕业,于中国地质大学探工系退休。主要从事教学、野外实习和科研工作。

引力——难忘的回忆

贾苓希　王学敏

每当我们走到图书馆前时都会情不自禁地在高元贵老院长的雕像前驻足,怀着崇敬的心情仰视他那可亲的面容。他虽然已去世30年了,但他的音容笑貌永驻师生心中,时时浮现在我眼前。

他以全部精力投入到党的教育事业中,以对党的忠诚贯彻党的教育方针,培养革命事业接班人,使学生德、智、体全面发展。

他深入教学第一线,到教研室、实验室和师生们探讨教与学的情况,倾听教师的意见和建议,足迹遍布校园的每个角落。他对师生员工一视同仁,随时随地听取意见,全校师生员工都十分亲近他,有话愿意和他说。他在全体师生员工中有吸引力、凝聚力、亲和力。在校园里,随时随地都会看到他的身影,上下课时,他经常在九楼十字路口。学校教学质量不断提高、人才辈出,在国内外享有高的知名度,成为进入211工程建设的首批院校之一。

高院长不仅关心教学,也十分关心师生的身体健康。困难时期,有的女生因营养不良,出现生理异常,学校专门把这些同学召集在一起,由专人给她们治疗,并发一些营养品,这些同学都很快得到了康复。

高院长在百忙之中还给老师们讲自然辩证法,给师生作报告,以亲身经历启发大家,要树立正确的人生观和世界观。记得大约在1965年的下半年,高院长在教工食堂,他的周围总是围住许多人在和他探讨问题。

他对要去参加"四清工作"的师生作了一次报告,讲述了自己从一个青年学生以"天下兴亡,匹夫有责"的爱国担当,积极参加抗日救亡运动,到接受革命思想及当时社会现实的教育。走上了革命的道路,直到加入中国共产党的过程。为了国家民族的生存,为全国劳苦大众能过上安稳幸福的生活,他成了我党的地下工作者,直到全国解放。他和他的同志们,为抗日队伍募捐,为掩护老百姓脱离日军追杀,经历了惊心动魄的斗争,以共产党人的智慧,与日本鬼子周旋。从当时社会现实看,国家面临灭亡及外敌侵占,丧权辱国的局面,怎么办?只有动员起来,全国民众团结一致,奋起抗日,才能救国。听了报告,我们更加敬佩高院长,把他当作是学习的楷模。

高院长为人处世谦逊亲民,善于与大家打成一片。一次在他召开的各系主管学生工作的总支副书记会后,因已过了食堂开饭时间,我说,"高院长到我家去吃面条吧"。没想到他还真接受了邀请。由于事先没准备,再加上是困难时期,就只是白汤面加点青菜,油都很少。他吃得也很香,说"好吃,好吃"。还有一次是北京至武汉的火车上,在餐车里,他和几位老师聊起迁校之事,问他们有什么想法,迁校到什么地方合适。当时上级给的选择是湖北江陵、房县及湖南一些偏远的地方。师生知道后,都认为我们学校还有国际、国内的学术交流任务,偏远地方不合适。而且偏远地区也承载不了一所高校啊!老院长说:"我同意你们的看法,觉得选在武汉比较合适,我去努力想办法实现这一方案,你们看行吗?"在火车上的餐车里,看他吃得很少,只有一杯牛奶、一片面包。他又要为迁校选址之事不辞辛劳地付出努力,来回奔波,我们都在感叹高院长了不起,对学校饱含的深情,对国家地质教育事业有着高度的责任感。

  **作者简介**

贾苓希,1931年2月生,中共党员,离休干部。1957年在北京地质学院学习,1957年研究生毕业后留校工作。

工学敏,女,1940年10月生,1960年考入北京地质学院物探系构造专业,中共党员。1965年毕业后留校工作,2001年退休。

回忆高院长往事两则

鄢泰宁

我是1962年考入北京地质学院探矿工程系的。在校6年期间（本科5年，因"文化大革命"推迟毕业1年）都是高元贵担任院长。每个年轻人心中都会有一个英雄情结。高院长就是我们青年学生心中的英雄。他的高干身份，他曾参与领导"一二·九"学生运动，领导鲁西、冀鲁豫边区抗日斗争的历史，都让我们敬仰、佩服。虽然我与高院长只有两次短暂的近距离接触，但一滴水可以折射出太阳的光辉，这两则我记忆中的小故事也映射出高院长献身地质教育事业、尊师爱生、亲民务实的优秀品质。

一、食堂巧遇高院长

我们入学北京地质学院时，正值国家三年困难时期的最后一年，虽然情况开始慢慢好转，但粮食定量有限，肚子里油水很少，所以饥饿感仍是每个人挥之不去的阴影。学生宿舍每天晚上熄灯后的"卧谈会"上谈得最多的是家乡的食物。

记得开学后不久的一天，我们几个同学在大饭厅站在一起吃饭。当时的办学条件与现在完全不可同日而语，饭厅里没有椅子，大家都是端着饭盒站着吃饭。饭盒里既盛菜（多半是"炒大白菜"）又放"饭"（一般是两个"扣黄"——一种用圆罐头盒把和好的玉米面"扣"在蒸笼布上蒸熟的粗粮食品）。突然，一个身材不高、脸颊清瘦、戴着金丝眼镜的老者来到我们身旁。他穿着朴素，但很有气场。他手里没有饭盒和饭票，显然不是来食堂吃饭的。因为我们是新生，也不认识他，所以没有主动和他打招呼。"你们觉得这'扣黄'的分量够吗？一顿吃两个能吃饱吗?"他拍着我们的肩膀,亲切地问道。我心想:"这是谁呀,食堂管理员?不可能,食堂工作人员不可能有这种气质。"一下子许多高年级同学围过来了,喊着"高院长好!"并提了几条改善伙食的建议。此时,我才知道,站在面前的老者正是我们敬仰的老革命——高院长。

那天宿舍里的"卧谈会"上,没人再谈什么好吃的了,都在议论今天食堂巧遇高院长的事情。有人说,"高院长的级别比我们老家县太爷高出一大截,但他却亲自到食堂来关心我们学生能否吃饱,多么令人感动啊"!还有人说,"他是学校的第一首长,完全可以派后勤处长、膳食科长来了解情况,而他却亲力亲为,为下面的干部们树立了榜样"。这就是我们第一次认识的高元贵——关爱学生的好院长。

二、"高院长来看我们啦!"

我们专业属于地质工科,实践教学环节是不可或缺的重要部分。就像医学院要有附属医院,机械学院要有附属工厂,地质系要有周口店实习站一样,我们专业的实习基地必须选在条件合适的矿山和钻探队。经过老师们的努力,系里把掘进实习基地选在了河北承德寿王坟铜矿。寿王坟铜矿是我国第一个五年计划重点工程,也是苏联援助新中国156个项目之一。这里矿山巷道掘进的设计、施工都很规范,而且离北京近,是学生实习的好地方。

1965年暑假,我们年级两个班66位同学在老师带领下到寿王坟铜矿进行掘进生产实习。学生们都编入工人班组,每人跟着一位师傅学习,三班倒。有一天,高院长要来看我们的消息在师生中不胫而走。大家欢呼雀跃,就像离家的孩子即将见到父母一样高兴。

1965年7月23日,高院长来到矿区后,不顾旅途劳顿,当天就和同来的探工系党总支书记王虹(女)换上工作棉袄,戴上安全帽,穿上高筒雨靴,由矿山领导和带队老师陪同下井,看望在井下干活的学生们,考察实习环境是否存在安全隐患(图1)。接下来,高院长还准备给同学们作国内外形势报告,这是同学们最感兴趣的活动。高院长知识渊博,表达风趣幽默,是作报告时最受学生欢迎的院领导。

图 1　高院长(前排左 3)、总支书记王虹(前排左 2)在矿领导和带队老师陪同下,看望在井下实习的同学们后在矿区办公楼前留影

矿区的干部和工人们可能都从没听过八级高干亲口作形势报告,他们也和我们一样早早就在礼堂坐好,等着听报告。高院长在报告中具体讲了哪些内容,至今我已记不清了,但对其间发生的一件趣事却记忆犹新。报告开讲前,有一位干部模样、穿着中山装、身材魁梧的中老年同志端着一杯茶走向舞台中央的讲台。瞬间,台下响起一阵掌声,工人们以为他就是高院长。端茶人尴尬地连忙摆手,匆匆离开,台下响起一片善意的笑声。过了一会儿,身材瘦小的高院长走上舞台时,台下却非常安静。当喇叭里传出山东口音的普通话"同志们好,我是高元贵"时,礼堂里立刻响起热烈的掌声。高院长作报告从不照本宣科,报告内容涉及国际、国内,娓娓道来,让人耳目一新,同学们受益匪浅。

形势报告结束后,高院长又让同学们留下来座谈,听取大家对实习安排、劳动强度、伙食情况的意见,以及对学校各项工作的建议。最后,高院长与带队老师和全体同学合影留念(图 2),并和在艰苦环境中带队的二位女老师及五位参与实习的女同学合影(图 3)。

图2 高院长来到寿王坟铜矿掘进生产实习基地看望全体师生。其中：第三排坐着者，左3实习队长王首魁教授，左4高元贵院长，左5带队郭声远教授，左6系总支书记王虹（女），左7带队刘昭明老师（女），左8带队韩玉英老师（女）

图3 高院长（后排中）、系总支书记王虹（后排左2）、带队实习的两位女老师（后排右2刘昭明、右1韩玉英）和参加实习的全体女同学合影留念

　　高院长肯定不认识我这个当时的学生，但是他关心、爱护学生，亲民务实的光辉形象在我心目中却永远无法磨灭。

作者简介

鄢泰宁,男,汉族,1945年4月生,江西南昌人。1962年考入北京地质学院,1967年毕业,1968年参加工作,1978年考取武汉地质学院北京研究生部硕士研究生,1982年毕业后留校任教,教授,博士生导师。

我听高元贵院长讲孔子

葛亚非

我来自湖北地质学院1972级英语班，上大学期间有幸结识了高元贵院长。高院长给我留下了深刻的印象，他也是我的人生导师。

我们英语班同学是湖北地质学院招收的第二批学生，都是应届高中毕业生，和地质力学班的大哥哥们共同在湖北地质学院武汉分院学习生活。第一批综合找矿、金属物探、石油地质、工程地质专业的学长们分别在湖北江陵校本部和丹江口"五七"地质队教学点学习。我们能够在武汉学习，是以高院长为首的湖北地质学院领导班子努力的结果。

我们这群充满朝气和纯真的十八九岁的年轻人，来到武汉，对身边的一切充满好奇，对我们所学的专业也充满幻想。当老师们向我们介绍高元贵院长是八级高干的时候，我们对他肃然起敬，无比敬畏。而当我们与高院长接触时才发现，他是一位和蔼可亲的老人，中等个子，瘦瘦的，戴着一副圆形黑框眼镜，跟我们说话的时候，总是笑眯眯的，毫无疏离感。

高院长为了让学校在武汉集中办学，经常穿梭于武汉、北京。他还亲自来到我们班参加座谈会，帮我们解决诸如吃饭、喝水、停电等问题。此外，他还专门为我们班上了一堂有关孔子的课，让我们认识到高院长真是一位拥有大智慧的大学者。

我记得那是在1974年上半年的"批林批孔"运动期间，高院长对我们说："你们要批孔，首先要了解孔子。"于是，高院长又一次来到我们在12栋二楼的教室，给我们讲有关孔子的故事。我还清晰地记得他的开场白："孔子，名丘，字仲尼。"接着他在"丘"字上一指，说，"这个

'丘',是孔子的名讳。所以,丘姓就多了个偏旁,变为'邱'。这样就不用犯忌讳了"。噢,原来如此,我心了然。接着,高院长讲起了孔子周游列国的故事。这时候,我的大脑也开始天马行空起来。突然,我听到高院长说:"不过,我们要记住的是这样一句……"我的思绪被拉了回来,只见高院长在黑板上写着"三人行,必有我师";然后详细讲解,孔子完整的表达是,"三人行,必有我师焉。择其善者而从之,其不善者而改之"。意思是:"别人的言行举止,必定有值得我学习的地方。选择别人好的方面学习,看到别人的缺点,反省自身有没有同样的缺点,如果有,加以改正。"高院长接着说:"我们需要敏而好学,不耻下问。要知道,我们身边的人都有我们所不知道的长处,要向身边的人学习。"高院长作为有名的"老夫子",画龙点睛地引用孔子名句,让我明白了,做人不能自恃清高,要多向身边的人学习,不论高低,不论长幼。

高院长的确可以说是我的人生导师。他关爱师生、深入基层、实事求是、循循善诱、亲力亲为的工作作风,我往后的学习和工作,产生了深刻的影响。

高院长,我们永远怀念您。

作者简介

葛亚非,女,1955年4月出生于湖北房县。1972年9月考入湖北地质学院,毕业留校担任英语教员,教授。2020年5月退休。

第一次见到高元贵院长

张明兰

我于1965年7月毕业后留校,在武汉地质专科学校团委工作。1975年11月19日,该校与武汉地质学院合并,我还是继续在团委工作。由于当时房屋紧张,团委、学生科共享位于汉口航空路15号行政楼的一个办公室。团委与党办、人事、组织、保卫等党政机关都在二层,其他部门在一层。整个校区的教室、办公室、图书馆形成一个"王"字形结构。党政办公室就是"王"字的中间那一横。团委、学生科合用办公室办公,在王字的中心点。只要上二楼,大部分人都要从这儿路过。当时负责团委工作的是张锦高同志,负责学生科工作的是李玉和同志。学生工作多有交叉,我们相互帮助,密切配合,很好地完成了过渡阶段的共青团、学生管理和思想教育工作。

从院校合并,到高元贵院长1976年3月5日离任,我与他见面的机会很少,可是第一次与他老人家见面的情形至今记忆犹新。

院校合并后不久的一天上午,我一个人正在团委办公室整理资料,一位个头不是很高、清瘦而健朗的长者来到了办公室。他一身黑色衣裤,领口处露出白色的衬衣领边,戴着一副眼镜,充满了文人气质,浑身散发出一种令人尊敬的气场,给人一种精干、朴实、可敬、可信的直觉。当知道这就是全校敬仰的高元贵院长时,我非常兴奋和激动,因为我终于亲眼见到了我仰慕已久的老革命。他的美名和传奇故事早已在我心中扎根。他像慈父一样坐在我的眼前,可亲可敬,我简直像做梦一样。

他说话的声音既刚劲有力,又和蔼可亲:"你是做青年团工作的?"我说:"留校10年来,一直在团委工作。"接下来,老人家详细了解了我的成长过程、团委工作情况、家庭情况等。老人家最后语重心长地对我说:"共青团工作非常重要,培养共产主义事业的接班人是共青团组织的主要职责,我们培养的人才要又红又专啊!"高院长当年的教诲,一直激励我在学校不同岗位的育人工作中,刻苦学习,努力奋斗,获得了学校、湖北省、地矿部和中央组织部授予的各种荣誉。

第一次见面过程中,当他老人家知道我爱人李景云是吉林工业大学(学制五年)汽车专业毕业后,非常兴奋。他说:"我们建校阶段就需要这方面的专业人才,希望您爱人能调到我们学校工作。"过了一段时间,我爱人就从探工系调到后勤处,让他负责汽车调度和汽车技术工作。

老院长深入基层、深入群众,身体力行,爱民如子,关心青年教师的成长,重视教职工的需求,用其所长,及时调整工作岗位,更加深了我们对这位关爱师生的老院长的敬仰之情。

虽然现在距离我第一次见到高院长时已经过去47年,但他老人家这种深入群众,平易近人,亲力亲为地深入工作第一线进行调查研究,想群众之所想,急群众之所急,及时了解和解决实际问题的品格,是我党优良传统的生动体现,闪烁着老一辈革命家、教育家的优良作风和精神风貌,令我终生难忘。虽然高院长已经离开我们30年了,但他老人家那和蔼可亲的音容笑貌,一直留在我的脑海中。

高院长永远活在我们心中。

 作者简介

张明兰,女,1944年9月出生于山东省临邑县,中共党员,1961年9月考入武汉地质专科学校,1965年6月毕业留校,1975年11月武汉地质专科学校并入武汉地质学院。2001年退休。

我们怀念您——高元贵院长

管新平

一、难忘那一刻

回想起48年前那一次难忘的经历,我仍然激动不已。当时,张汝康老师正在招呼湖北地质学院英语班30名在校同学上车,即将去车站乘火车前往北京周口店。"高院长看你们来啦!"张汝康老师一声清脆而亲切的高喊引起了同学们注意,大家看到一位衣着整洁、身子硬朗的老人,正迎着我们健步走来。"高院长来啦!"所有同学激动地惊呼。还未上车的同学激动地快步迎上去并围拢高院长,车上的同学激动地望着走近的高院长,在心里抱怨上车太快。过一会儿,同学们都上车了,汽车启动了,梧桐树丛中的路灯亮了起来,高院长还站在原处向我们挥手。很多同学是第一次坐火车,第一次去北京,出发前又见到了德高望重的高元贵院长,大家情不自禁地唱起《勘探队员之歌》。

多年后,这个当年经高元贵院长主导破例招生的英语专业班涌现出10余名优秀干部、10余名教坛英才。

有一年,李玉和老师到深圳大学和深圳职业技术学院看望从这个英语班毕业的校友,曾感慨地说,深圳目前就两所高校,两所高校外语系的主任居然都是当时湖北地质学院英语班的校友,英语班真不简单啊,高元贵老院长培养人才的眼光很长远!

二、微信群里忆院长

2022年"国庆"假期间,我在英语班校友微信群中转发张锦高老师的通知消息:"在中国地质大学迎来70周年校庆之际,在高元贵院长逝世30周年的前夕,学校将隆重举办纪念高元贵院长座谈会,出版纪念高元贵院长的文集"。

张锦高老师在发给同学们的消息中,结合自己当年担任英语班辅导员工作经历,回忆了高元贵院长对同学们成长成才打下的厚重基础,深情地回忆道:"这个非工农兵学员的英语班是高院长下定决心,通过地质部申报教育部同意,破例从应届高中毕业生中选拔学生。每一名同学真的很幸福。在办学中,高院长要求大家专心刻苦学习,没有让同学们停课搞运动。从外语专科学院调进英语老师为你们上小班英语课。他还让同学们通过军训、到企业劳动、帮助武钢翻译资料等方式让大家不断成长成熟起来。完成学业后,同学们全部留在地矿系统的几个地质高等学校工作,为缓解英语教师严重不足状况作出了积极贡献。高院长在武汉地质学校12栋宿舍楼住过,与大部分同学住在同一栋楼,也在同一个食堂吃饭。不知同学们是否与高院长有过直接接触,有没有故事可讲?如有,希望你们写点纪念文章。"

这个消息文章发出后,使一段时间以来比较平静的微信群一下子热闹起来,部分同学即刻回忆并交流起来。

陈忠华同学发出消息:"新平早安!我是噙着泪读完你凌晨5点转过来的张锦高老师以上那几段话的。谢谢你!我噙泪,首先当然是为我们敬爱的老院长、老革命高元贵先生,也为我们亲爱的锦高老师,为我们的母校,还为了我们这个班集体。没有敬爱的高院长,不可能有我们这个班集体;没有张锦高老师,没有张汝康老师,不可能有我们这个优秀的班集体!我将把高院长当作一块高尚纯洁的地大石碑立在我的心中,祝我们的母校永远高耸于世界高校之林。"

张建同学几乎同时作出回应:竹无俗韵,梅有奇香。滴水可以折射出太阳的光辉,小事可以体现人格的高尚。记得有同学曾说,高院长是周恩来总理亲自签署任命书的地院领导。记得还有同学讲过,有一次高元贵院长乘车外出办事,在路上邂逅地院的一位教职工,他见

此人面有病色，便让司机停车，让司机载此人去看病，自己则步行去办事；记得也有同学说过，"文革"初期，高元贵院长受到了冲击。当他复出工作时，看到曾经带头批斗他的一名教职工家里出现生活困难时，立即施以援手。我曾记得，在1973年4月的一个周末，我到礼堂外的水池洗衣服，刚出宿舍楼大门，远远就见一位老人背着双手，仰头看着礼堂后墙外贴的大字报。我知道，那墙上贴着力学班和英语班几名同学写的文章，其中就有针对高院长的大字报。这些大字报都是放寒假前贴的，不是这里缺一块，就是那里翘起一块。等我走入水泥道上，又见他从上衣口袋里掏出眼镜戴上继续看。这些破大字报早就没人注意看了，现在居然有人还要戴上眼镜认真地看。好奇心让我对这个人多看了几眼。事后有人告诉我，那位老者就是高元贵院长。

时光沉逝，带不走不尽的记忆，长留的是无限的怀念。我们要学习高院长仰不愧于天，俯不愧于人的做人情怀。要学习高院长梅兰竹菊君子气，谦和忍让仁者风。地大星汉灿烂，高院长无疑也无愧是其中最耀眼的一颗！

 作者简介

管新平，男，汉族，湖北沙市人，1953年出生，1975年毕业于武汉地质学院英语专业，先后在长春地质学院、江汉石油学院、深圳职业技术大学任教，教授。

贯彻《高教六十条》 "北地"教学增新貌
——高元贵院长殚思竭虑 爱心普照

周汉明

《高教六十条》是《中华人民共和国教育部直属高等学校暂行工作条例(草案)》(后文称《条例》)的简称。因为《条例》共十章六十条而得名,也称《高校六十条》。

为纠正"大跃进"的严重后果,中央对国民经济实行"调整、巩固、充实、提高"的八字方针。教育部制定的《条例》是贯彻党的"八字方针"重要的举措之一。

一、"知天命"年 重返高校

高元贵,山东邹平人,1908年出生,1936年加入中国共产党,早年在中国大学学习化学。中国大学是孙中山等人为培养民主革命人才于1913年在北平创办的(图1),有着光荣的革命传统,在反帝反封建的革命斗争中,一直走在前列。1935年"一二·九"运动中,高元贵是中国大学学生领袖之一,不久离开学校,深入基层,发动群众,为建立鲁西北抗日根据地贡献了力量。

图1 位于前门西大街的中国大学原校址

1958年，高元贵奉调到北京地质勘探学院任院长兼党委第一书记。高院长数十年前为了新民主主义革命，离开高校，数十年后为了社会主义建设重返高校。数十年前他对高等教育，对知识、知识分子怀有特殊的情感；数十年后，他全面贯彻党的教育方针，热爱教育、教学，带领全院师生员工共建北京地质学院，走向发展辉煌时期。

二、热爱教育、教学，锐意改革

教学是教育的基本途径，教学为教育服务。高院长由革命者向教育家的转换过程中，积极探索，研究规律，锐意改革。

创立教学研究科，研究教学规律。他从各个系抽调出品德好、懂专业、肯钻研、干劲高、年轻有为的五人组成。既服从教务处领导，也直接受高院长指挥，向院长汇报。他们抓室外教学、室内教学、理论课教学、实验课教学、现场教学，提倡"少而精""启发式""培养学生分析问题，解决问题的能力"，开展"理论联系实际"大讨论，总结"肩挑两副担子"新经验，深入教师和学生之中，走访课内、课外教学场所。高院长对全院教学情况了如指掌，使调查研究更深入、更具体、更细致、更全面，为作出科学判断、正确制订教育改革方案提供依据。

创立基础课委员会，加强"三基"。基础课委员会由数学、物理学、化学、测量学、外语等教研室的相关教师组成，这几门课都是培养社会主义合格高级人才的必修课，各门课程都有本身的理论体系、实验基础、教材、教法、课时要求，等等。高院长也非常强调"三基"训练，经常到各教研室与老师们座谈"三基"问题，也常常为学生们解惑。

总结"地质摇篮"经验，加强实践教学环节。地质学是一门实践性很强的学科，野外地质调查研究是每一名地质工作者必备的能力，学校必须有野外教学实习基地。关于周口店地质实习基地，早期有过一番争论，有的老师认为周口店地区多数地层受到变质作用，不是典型的沉积岩区，地层缺失多，化石少，不宜作实习基地；还有的老师认为该地区构造太复杂,许多断层的标志不明显,有些地质现象可作出多种解释,得出不同结论。但大多数老师认为周口店地区集中了地层、岩石、构造三大基础学科的大部分研究对象,"麻雀虽小,五脏俱全",露头良好,易于观测,到这里实习能得到比其他地区更多的训练,可为初学地质者提供丰富的感性认识。随着周口店教学实习基地的逐步开发,地质现象更加丰富多彩。现在公认周口店实习基地是培养地质工作者、地质学家的"地质摇篮"。从这里走出了众多的院士、专家、教授、总工等。

我院地质系各教研室的老师为实习基地的开辟和建设,坚持不懈地做了大量工作。高院长多次前往周口店视察、蹲点、指导现场教学,敦促老师们及时总结经验,推广教学方法(图2、图3)。1962年,马杏垣教授带领老师们逐步总结出"苦练地质二百米硬功夫",长路线、短路线结合的"练思想、练作风、练本领"的"三练精神",以及"明、带、放、抓、结"五字诀地质路线教学法等,都收到非常好的效果。1964年后,周口店的实习路线延长了,温泉、南口、三家店、门头沟的韭园也是常去的基地,并且把攀登海拔约1370米的猫儿山作为必修课。

图2 1959年1月,高院长在周口店实习站与师生亲切交谈

图3　1959年高院长(右2)、李庚尧副书记(右1)在周口店实习站检查学生学习成果

主张地质学专业从工科回归到理科。1952年，北京地质学院由北京大学、清华大学、天津大学（原北洋大学）、唐山铁道学院四院校的地质系（科）与西北大学地质系部分学生组建而成。显然老师们重视理科教育，但"北地"的教学计划、教学大纲、教材内容、学时安排等基本按照苏联莫斯科地质勘探学院的教学模式。迎新的大幅标语是"欢迎未来的地质工程师"。1957年北京地质学院更名为北京地质勘探学院，其工科教育性质是明显的。原本地质学是研究地球的物质组成、内部结构、外部特征、各层圈之间的相互作用和演变历史的知识体系，是研究地球及其演变的一门自然科学。固然地质学指导地质矿产资源勘探，是人类社会生存和发展的根本源泉，但地质学并非只是为了"找矿"，地质学院也不仅是专门培养地质工程师。

20世纪50年代中期，几所综合大学相继恢复理科地质专业，我院一些老师几次呼吁：利用各地质学院，特别是北京地质学院现存优势，大力兴办理科地质专业。高院长也特别强调，学习苏联要结合中国实际，在向苏联专家学习的基础上，要结合中国地质工作的特点和实际需要进行教学改革。1962年,地质部教育司在我院教二楼二层会议室召开三地质院校负责人座谈会。高院长、丰原和陶世龙老师出席,陶老师应邀详细介绍了地质学的内容和研究方法的特点。会议经过讨论,当场决定以后"北地"普查找矿专业改为地质学专业,1963年招的新生按理科专业计划执行。1962年,北京地质勘探学院更名回北京地质学院,紧接着高院长领导全院教师结合中国的实际对全院的专业设置、教学计划、教学大纲、教学方法等,都进行了改革,组织教师编写出大量的、中国自己的地质专业课程教材。

三、热爱教师,尊重人才

教学是实现人才培养方案的主要手段,教学水平的高低是决定人才培养质量的主要因素。教学通过教师实施,教师水平决定教学水平。可以说学生的综合知识、素质和能力是教师教出来的,培养和熏陶出来的,不仅与教师的知识多寡有关,还与教师的人格魅力、道德品行紧密关联。高院长对教师队伍极为重视,全面落实党的知识分子政策,将广大教师的积极性调动起来,对提高教学质量起了巨大推动作用。

任命教师担任要职。他选拔任命一批专业精深、品德优秀、年富力强、敢于担当的教师担任院、系、室的负责人,三位副院长其中两位是教师,包括袁见齐(图4)、马杏垣(图5)。

图4　袁见齐教授

图 5 马杏垣教授和年轻教师及研究生讨论大地构造基本特征

担任各系的系主任或副系主任的有杨遵仪、池际尚、杨起、王大纯、张咸恭、李世忠、薛琴舫等，担任教研室主任的就更多了。

尊敬老教师，传经论道。20 世纪 50 年代北京地质学院的一级教授冯景兰、王鸿祯，二级教授张席禔、袁复礼、袁见齐、杨遵仪，三级教授马杏垣、张炳熹和其他一些老教师，他们学贯中西，业有专攻，是中国地质界元老、地质学泰斗（图 6）。

图 6 1935 年清华大学师生合影，前排有袁复礼（右 4）、冯景兰（右 3），二排有杨遵仪（右 2）

高院长采用各种方式，如报告会、座谈会、专题会，或慰问、家访、约谈、共餐等，改善这些骨干老师的工作条件，为他们配备助手，支持他们著书立说，多出成果；关心他们的政治学习、生活起居等，使他们的教学经验、治学理念、学术思想、办学方略等优秀传统发扬光大，薪尽火传。

培养青年，未雨绸缪。高院长深知，青年教师是学校的希望，是学校可持续发展的后备力量。青年教师的思想政治素质、业务水平能力等诸方面直接关系到学校的未来发展，培养青年教师是教师队伍建设中一项重要而紧迫的任务。培养青年教师不仅是学校发展的需要，更是青年教师个人成长的需要。青年教师精力充沛，工作热情高涨，为青年教师提供锻炼的舞台，可以促使他们逐步形成学科教学的个人风格和特色，脱颖而出，成为学校教学的骨干力量。

"两副担子，教书育人"，这里说的两副担子是指教师的教学工作中，不仅对学生担起业务工作的担子，同时必须担起思想政治工作的担子，做好教书育人工作。当年的青年教师万天丰、莫宣学、李明哲等对"两副担子，教书育人"都有很深的体会，并在校刊上与大家分享心得。

"提供舞台，鼓励成才"。当时，北京地质学院一大批比较年轻的教师被推到教学和科研的第一线工作，他们钻研业务，教学改革，取得成绩者受到奖励、鼓励。他们是彭志忠、屠厚泽、万天丰、鄂莫岚等老师。这些比较年轻的老师，后来有的成长为院士、名师，有的成长为知名教授，都是学校的骨干，绝非偶然。

解开心结，轻装上阵。有一批老师和职工在"反右""大跃进""反右倾"运动中，受到不公正批判和对待，思想包袱很重，情绪不高。高院长与他们促膝谈心，坦诚交流，落实党的知识分子政策，思想上开导，工作中支持，业务上鼓励，生活上关照，使他们都能解开心结，轻装上阵，不断进步，创造新的成果。其中最成功的范例，莫过于大家熟知的王鸿祯教授。

王先生作为一级教授、学院副院长，正值踌躇满志、大展雄才之时,遭受不公正批判,受到降级撤职处分,其心境可想而知,所幸王先生始终没有离开教学岗位,从事自己心爱的地质事业,心有所系,更得高院长兄长般的呵护,彻夜长谈,多方鼓励,大力支持,得以解开心结,轻装上阵。还有曹添教授。曹添先生求真务实,刚正不阿,1957—1959年遭受不公正批判。高院长鼓励和支持教师的方法很特别,常常是委以重任。1960年高院长委任曹先生创建地球化学专业,并担任地球化学教研室首届主任。1963年12月作为矿物、岩石、地球化学学会的代表,受到毛主席等党和国家领导人的接见,1965年秋被任命为地质系代理副主任(图7)。这一类事例很多,大家都对高院长由衷感谢,心生敬佩。

图7　1960年,高元贵(右2)、曹添(左2)、任湘(左3)等领导与苏联放射性矿物专家合影

四、热爱学生　舐犊情深

高等学校的主要任务是为国家培养人才,高院长全面贯彻党的教育方针,把学生培养成德、智、体全面发展的社会主义劳动者。

德育居首,智育从严。高院长把德育放在对学生教育的首位,重视系统的马克思主义基础理论教育,重视革命传统教育和形势政策教育（图8），要求青年教师双肩挑，教书育人。特别是在野外教学中，要从大处着眼，从小处着手，教育学生巩固专业，端正学习态度，克服怕苦怕累情绪等，"使学生能够用练思想练作风来带动练本领，在练本领中，练好思想练好作风。"

图8　1962年2月28日，谢觉哉同志与高元贵校长（右）、张席禔副院长（左）亲切交谈

在智育方面，他要求教师在教学内容上"少而精"，教学方法上采用"启发式"教学，提倡"因材施教"。对学生严格管理，严格课堂纪律，严格考试、考查。顾锡瑞是1959—1964年地质学测量及找矿专业11593班学生。刚入学第一周，到香山公园参加测量课现场教学，不到一星期，因患急性肝炎被送回学校，住院治疗两个多月。肝炎病治好了，因缺课太多，按学院规定，动员退学，经他强烈要求和同学们的支持，领导批准留下随班学习，边听新课边补缺课。当时外语、普地、数学、化学等各科老师都到宿舍教他，学习好的同学帮助他。经过一个半月的刻苦努力，终于通过期末考试，测量课成绩良好，其余各科都是优秀。

关爱学生发展前途。在教育活动中，教师是促进者、组织者和研究者，起着主导作用；学生是受教育者、参与者和学习者，学生同时又是学习的主人和自我教育的主体，并不是所有学生都完全按照教师设计的路线前进，因各种因素而有所不同。

北京地质学院每年参加野外实习的师生员工很多，实习类型有认识实习、教学学习、生产实习、毕业实习等。教学实习以周口店地区为主，其他实习则分布在全国各地。野外工作的艰苦是难以想象的，有预知的，也有突发的。浩瀚沙漠，原始森林，无边沼泽，荒山野岭；日晒雨淋，风餐露宿，扒冰卧雪，草垛藏身；雷雨交加的危险，突遇野兽的惊恐，没吃没喝的难耐，蚊虫叮咬的无眠。为了定点观测的准确性，遇水涉水，逢山翻山，遇悬崖悬索观测，遇无人区，硬着头皮往前闯。同一小组的学生，无论男生、女生，体强、体弱，高年级、低年级，都亲如姊妹，团结合作，相互照顾，男仕直前，为完成任务携手前行；遇上疾病，相互搀扶，抬着病号，帮挑行李；前不靠村后不靠店，丛林之中，为了防止豹子伤人，在"T"字形树上搭个架子筑巢而居。凡此种种，书不尽言，没有坚强的信念和克服困难的精神是不行的。

高院长深知野外实习十分辛苦，常去看望实习的师生，近处的周口店、南口、石景山等地常去，或蹲点指导或现场慰问，甚至与师生一同挖野菜充饥。远处的南方、北方常有他的足迹。1965年他与袁见齐副院长到内蒙古看望在那里进行生产实习的杨起老师和学生（图9）。11611班一位同学回忆说：1965年夏，我们一共6个同学奔赴河南豫西山区卢氏县进行毕业实习，与当地农民同吃同住，生活极其艰苦，每日三餐除了玉米面饼，就是泉水和大蒜，肉、菜根本无从谈起。当辅导老师来检查工作时，带来几块咸菜，大家都欣喜若狂地跳起来。"高元贵院长不远千里亲临卢氏县看望我们（图10），当他老人家得知我们的情况后，我们小组这才获准背粮上山单独起灶，吃上了白面馒头，大家心情激动，感谢院领导的关怀。"

热爱学习，登高望远。学习既是一项行动，也是伴人始终的过程，即所谓"活到老学到老"。高院长早年在中国大学学习化学，不久参加革命，解放后搞工业建设。调入"北地"领导教育工作，角色不断转换，

图9　1965年,高院长(第二排左4)与齐凤齐副院长(第二排右2)到内蒙古慰问杨起老师和学生

图10　1965年,高院长(第二排右3)、冯景兰教授与在河南豫南山区卢氏县进行生产实习的杨巍然等师生合影

学习始终是一项重要任务,不仅自己学习,还号召、带领周围的人学习。

　　高院长的哲学造诣很高,深得马克思主义世界观和方法论的精髓,并在实际工作中身体力行。高院长为全院师生员工讲哲学课,辅导老教师学习哲学(图11),都是为了帮助全院师生员工(包括老教师)树立马克思主义世界观和方法论。

图 11 1960 年，高院长辅导老教师哲学学习，马杏垣（右 1）、张炳熹（左 1）、池际尚（左 3）、张席禔（右 2）、陈光远（右 4）等

"若有新著，送我一本"。这是高院长经常对教师讲的一句话。他虽有化学基础，又有"哲学高度"，但对地貌的各专业的具体内容不甚了解，对各门课程的具体要求更为生疏，初到地院之时，如饥似渴，大量阅读各类教材、专著，再提到哲学高度来认识分析，结合培养目标、教学大纲，教学计划等，他心中有了几分把握，逐个系、逐个教研室调查研究，与系主任谈，与教研室主任谈，更深入地与任课教师谈。倾听他们的意见和想法，鼓励他们创新，与他们展开讨论，求知解惑。他的这种学习精神，贯彻到他在地院工作始终。在湖北江陵期间，他得知李东旭老师手中有一部李四光先生撰写的新作《天文、地质、古生物》共七个单行本，对李老师说："每天早晨晨读时，我到你这里换一本，七天我把它读完。"

主持创建"综合地质基础"课程。这既是教学改革的举措，也反映高院长调查研究、博览群书的学习精神。为便于大学二年级的学生在野外实习，能够参与普查找矿工作，在《普通地质》基础上，适当切入一些岩石、构造、地层、矿床、勘探等方面的基本知识，经过教师们调查研究，反复修改，编写出《综合地质基础》教材。1959 年为全院各专业低年级学生开出了"综合地质基础"课，高院长为此课讲了第一讲——绪论。开设此课程要考虑的问题很多，诸如学生的接受能力，自身的系统，切入知识的点、面、深、浅,与后续课的衔接等,这些并不是简单的知识挪移,非常考验编者的博学、经验、智慧。

五、结　语

高院长在地院工作 18 年,他的思想品德、工作作风和博大爱心,他的管理水平、"哲学高度"和担当精神,温暖了师生员工的心,使师生精神振奋,刻苦钻研,心情愉快,团结互助,大胆工作,勇于创新。每位地大人都无比敬爱他,深深怀念他。1976 年,数百名教职工自发赶到武昌火车站送别高院长的动人情景,历历在目。1992 年 11 月,中国地质大学建校 40 周年校庆大会上,当 84 岁高龄的高院长出现在主席台时,数千名师生员工和校友全体起立,热烈鼓掌长达五六分钟,在场的来宾和记者无不为之动容(图 12)。地质矿产部领导曾这样评价:高元贵同志是一位优秀的大学校长,是地质院校校长的楷模。

图 12　1992 年 11 月 7 日,高院长在校庆 40 周年纪念大会上讲话

周汉明,男,1938 年 4 月生,教授。1962 年从西北大学物理系光学专业毕业后到本校物理教研室任教,1998 年 5 月退休。

忆老院长高元贵的几件往事

李舜贤

我于1955年考入北京地质学院地质测量与找矿专业,上学期间,刘型院长离校,高元贵院长接任。刘型是井冈山二十八团的著名革命家,高元贵是"一二·九"运动著名领导人。两位院长风格各不相同,都精神饱满,精力充沛。

高院长文采好,言语精确,思维敏捷,说话逻辑性极强,令人折服。我当时年少,学生时代经历颇丰,故眼界较高。当时党和国家号召向科学进军,到处热气腾腾,故心潮澎湃,唯有雄心立志向科学进军。加之那时有机会多次拜访老革命何长工前辈,受其英豪之气的教育与感染,对地质找矿的意义认识比较明确,对国家发展需要资源有深刻认识,对未来充满信心。1959年,我与高元贵院长有10多天近距离接触,有机会聆听高院长的教诲,至今还回味良久。

听高院长教诲印象最深的几件事,有的全局高大、有的细微具体。

一是教师队伍的建设。他从各部门吸纳人才,并亲自为教师讲授哲学,提高教师们的认知和分析能力。如学兄吴正文教授对高院长讲哲学评价极高,他说,高院长讲哲学逻辑清晰,理论深刻,启发性、引导性强,令人折服,教师们尊称高院长为哲学导师。高院长用哲学思维指导学校的建设与发展,对北京地质学院人才培养起了关键性作用。他调整学校建设方案,加强学科建设,在加大对物化探新设备投入的同时,也加强对地质勘探、水文等专业的全面建设,使学校建设与国家发展相适应。他提出了建设国际一流学院的若干构想,重点建设新学科与使用新手段,加强物化探、工程、水文、地质建设。同时,突出地质与勘探的新拓展,形成了学院发展全新局面,各学科全面发展奠定了地质学院全面发展的新格局。

二是加强学校文化、体育的建设。高院长鼓励学生艰苦奋斗,如从学校步行至天安门广场,日常加强学生的体力锻炼。北京地质学院在八大学院中是学生步行至天安门广场参加活动最多的人群,学生以奋斗为荣,以艰苦为乐。学生能吃苦耐劳,有奋斗之豪气与精神,这与学校领导弘扬艰苦奋斗、吃苦耐劳的精神密切相关。在响应中央向科学进军的号召中,他鼓励学生刻苦学习,勤奋努力。当时,图书馆一座难求,学生进入图书馆学习蔚然成风,学子满堂,翻书声不断,攻读风极盛,是学风正气的写照。但一到体育活动时间,操场上满满是人,生龙活虎,气氛活跃。

三是重视教材建设。高院长提出门门课都应有教材,鼓励老师翻译国外先进教材或自编教材。如普地教材是新教员马万均翻译的俄罗斯大学使用的教材,自编教材有杨遵仪教授编著的《古生物学》教材。

四是重视实践教学。当时学校教室是苏式设计,高院长指导并提出了改造方案,以好用为原则,认真改造建设,完善实践教学条件,使学校在适应教学需要的条件下完善实验设备,优化教学职能。

学校办"大跃进"学生实习成果展览会,我当时与王兆基同志负责广东大队实习成果展览,我是具体经办,因此每天就在展览地方待着,思考展览事宜。因实习后我已是五年级的"老"大学生,王兆基把广东大队展览之事全权交给我。那个年代,人人争先、自觉办事,说干就干,我每天从早到晚泡在展览馆,力争快快办好展览。

这个展览高院长也十分重视,经常在夜晚十二点离校,让司机先把他送到展览馆,亲力亲为视察指导。展览刚开始的几天,夜晚十二点他会准时出现在展览馆前,大家围上去七嘴八舌地问个不停。他不慌不忙地回答。他说:"办展览要以事实为依据,事实准确是第一位的,讲究真实可靠,突出特点与特色。"原则清楚方法对头,事情就办好了。他向大家细讲为什么真实可靠是第一原则,离开真实可靠办展览就没有任何意义了。

高元贵院长曾是南下工作团湖北团的团长,当时及后来湖北省的领导都与南下工作团有工作上的历史渊源,故此,高院长对北京地质学院南迁定址武汉起了关键作用。

 作者简介

李舜贤,男,汉族,湖南长沙人,1936年10月生,1960年7月从北京地质学院地质测量与找矿系毕业,先后在湖南地质局区测大队和本校从事专业工作,教授,1999年11月退休。

第五篇
诗词歌赋忆先贤

纪念高元贵院长逝世三十周年

侯传东

岁在九三初春里,院长病故悲声啼。
毕生精力献祖国,北地校友牢记您。
院长原籍山东省,幼时勤学称第一。
"中国大学"有名声,学生运动他组织。
"七七事变"日寇侵,十四年抗战他参与。
抗日名将范筑先,筑先麾下作助理。
铁血将军洒热血,牺牲之地勋碑立。
山东抗日功卓越,元贵大名榜上题。
建国之年调武汉,十年之后到北地。
庄严校风他主导,十六大字铭心里。
勤奋工作二十年,桃李满天他献力。
四十校庆台上坐,到会师生心情激。
热烈鼓掌五分钟,散会久久不愿离。
院长离世三十年,校庆之际祭奠你。
教育战线一英模,永远活在我心里!

 作者简介

侯传东,男,1943年12月生。山东阳谷人,1963年9月考入北京地质学院探矿工程专业,1968年12月毕业,长期在冶金部东北地质勘查局工作。曾任局副局长,教授级高工,2004年1月退休。

缅怀高元贵院长（诗词组）

大地行吟诗社

一

怀念引路人高元贵院长和马合垣先生

杨魏然

地球开合探机缘，相辅相成哲理渊。

高院尊师双引领，攀登不止向山巅。

二

【商调·秦楼月】忆高院长

王思源

香山翠，八分学院歌成类。歌成类，青杨干挺，地学元贵。

【幺】倏然云气迁祥瑞，长江九派迎人醉。迎人醉，汉东山麓，马蹄声脆。

三

吟听高元贵院长讲授《念奴娇·鸟儿问答》

曾佐勋

大鹏展翅扶摇起，背负青天九万里。

炮火硝烟累弹痕，仙山琼阁寻桑梓。

目光炯炯鬼神惊，警句声声蓬雀耻。

四十六年挥手间，余音袅袅犹充耳。

四

读杨巍然郭铁鹰《我们心目中的高元贵院长》调寄菩萨蛮四阕(新韵)

曾佐勋

（一）

学毛著和哲学促教学科研

黉门主政施新策,全员毛著学习热。地质上高阶,哲学不可缺。执鞭堂满座,讨论消疑惑。构造理新弦,开合旋转圆。

（二）

亲自抓教改

领先抓好先行课,综合地质当基座。上下一齐来,带头抓教材。亲身临一线,野外抓实践。慰问上高原,攀登意志坚。

（三）

共产党员的信念

黑白颠倒荒唐疫,骨头坚硬刚柔济。檐下可低头,原则绝不丢。耕牛同住室,劝慰老同志。何处是归程,安心红日迎。

（四）

选址与发展

艰辛选址东湖畔,排除万难牵京汉。老底不能丢,元灵要保留。设施维护好,学术坚持搞。新校渐繁荣,花开一片红。

 作者简介

曾佐勋,男,汉族,1954年9月生,湖南人,中共党员,教授,博士研究生导师,1978年武汉地质学院地质学专业毕业,1982年,2000年本校地质力学专业研究生毕业,分别获硕士、博士学位。长期在本校从事教学与科研工作,2019年11月退休。

五

破阵子·高院长荣光

杨森楠

地院擎天一柱,十八年岁昭彰。指导教研师助力,公演艺文人气襄,书堂耀誉光。

授课启发才智,学科统领华章。治校论经宣哲理,律己修身明纪纲,清风世代扬。

六

人月圆·高院长领导北京地院享盛名

杨森楠

倾情治校春风荡,地院盛名扬。师儒崇德,人生立志,理想舒昂。
前沿设项,攀峰探索,勋绩辉煌。文工演剧,青群锻炼,艺体风光。

七

醉花阴·高院长强调实践教学

杨森楠

碧野山川连大地,学子舒初志。
放眼动身心,三宝怀仪,运作增灵智。
观天测地星空际,维态图形系。
寰宇塑圈层,岩系还原,五代求前史。

八

千秋岁·校风悠畅

杨森楠

校风悠畅,成府掀时尚。勤学业,豪情壮。潜思神智汇,明志心灵放。寻真谛,求新务实声名仰。

万里层云荡,天地张罗网。勘西北,登青藏。奏琴同鼓舞,谱曲齐吟唱。怀梦想,国强庶富乾坤朗。

注:高元贵院长制定的十六字校风:"刻苦钻研,实事求是,艰苦朴素,严肃活泼"。

作者简介

杨森楠,男,汉族,1933年11月出生,江苏苏州人,1956年从北京地质学院矿产地质及勘探系毕业后留校任教,教授,博士研究生导师,1996年2月从中国地质大学(武汉)地学院退休。

九

行香子·告慰高老

杨森楠

启步山裙,定点湖滨。赶三城夜起晨奔。昼潜课业,夜梦群亲。顾山旁楼,烛旁稿,鬓旁尘。

凌云琼厦,盈门学子。竞一流地学为昆。综科潮涌,院士牵军。应京同长,名同署,史同根。

十

藏头诗·赞高元贵

童德卿

赞颂先贤地学兴,高峰屹立任攀登。

元勋引领红旗舞,贵有传人展大鹏。

十一

追思老院长高元贵

姜晓玮

挥毫弱冠掠长缨,缔造共和曾剑横。

袖带清风托齐鲁,心随明月小功名。

就荒三径江城路,依旧寒松海淀盟。

谁个不知高元贵,山青水碧后人评。

十二

水调歌头·高元贵颂

仇华忠

华夏好男子,"一二·九"英雄。黑烟笼罩钩月,长箭射桑龙。快婿佳音神勇,烈侣齐眉义重,铮骨赛青松。浩气震倭胆,烽火立新功。

继开创,抓教改,促专红。呕心沥血,堪址谋划意融融。高处临风歌咏,地质摇篮情定,信步笑苍穹。泰岳铭勋业,丹魄化飞虹。

十三

赞革命家教育家高元贵院长

陈秋红

勇敢机灵革命家,青春热血献中华。
筹谋学院宏图绘,遍绽神州地质花。

十四

纪念高元贵老院长

蔡明星

尊师一代高元贵,教育施身十八年。
革故标新酬北学,蒙心毕力领南迁。
三基谱写纵横曲,数载修成开合篇。
最喜黉门添胜景,继承伟业步云天。

十五

藏头诗·功勋院长高元贵赞

刘金保

功垂驱寇踏狼烟,勋业勤耕结地缘。

院聚师资延血脉,长培桃李拓生田。

高翁引领南迁路,元匠旋归北聘贤。

贵步求真传地大,赞声萦绕讲台前。

十六

采桑子·缅怀地质教育家高元贵

聂良佐

尊前追忆高元贵,七秩荣光。学府辉煌。岁月经年风范彰。

魂牵万里南迁路,热血衷肠。笃志徜徉,璀璨黉门立栋梁。

十七

赞高元贵院长（新韵）

姬新民

投笔之间是少年,功成解甲未归田。

当初受命中南海,从此扎根地质园。

一校兴衰藏肺腑,个人进退视云烟。

亲民院长高元贵,笑貌永存南望山。

十八

高元贵(新韵)

胡宁

邹平育俊豪,肄业闹学潮。

抗日前沿立,边区器韵飘。

佳姻传美誉,伴侣是齐涛。

地质添新景,培才自可骄。

高元贵赋

王思源

寒饥交迫,漫地洪荒。孚民游野,集散奔亡!何处生?遥望沧海旷无疆。

岚雾升腾,乱云缭绕,插宇峰巅拔峭。邹平长白山,巍然屹立,幻化奇高。姿态神威,若鼎界冰壶,又如无屈骑士,气势昂扬。几百万年,曾地浆喷就火山峰,将奥秘深藏,争地争天争壮尔。

1908年3月,一个顽强生命诞于兹,高姓名元贵,人称贵子。小学乡间,中学金陵,值国家时局腐荡,便关心国事民邦。继入山东第一师范学校,道接先锋报刊,穷通褒贬文章,追求马列前程,救国丰民,投身革命,主编刊物,密售书籍,组织学生争自强。

1928年,子受命山东团省委,密潜淄区矿,扩展共青团,发动青年,寻求解放。

1935年,子入中国大学,开展学生运动,翌年入党。继"一二·九"运动,入北平地下斗争,除铲汉奸,合联抗日,敲开抗日门廊!

奔扫倭前线,冲冀鲁边区。"七大闺女、七大女婿","伉俪抗日",佳话流芳。相继任鲁西北地委民运部长、冀鲁豫抗日救国联合总会主任等。西鲁民谣云:"要抗日,就找武工队;入武工队,就找高元贵。"虎喉高啸,鹏翼翱翔!

1958年8月,受中央命,入北京地质学院,任党委第一书记兼院长。几经调研,制定"刻苦钻研,实事求是,艰苦朴素,严肃活泼"之训纲。培养"阶级观点、群众观点、集体观点、辩证唯物主义观点的思想觉悟,成为精一专数的多面手,具有多项体育技巧、身体健康"之工本。强调"深入基层,深入实际,教师主导,精心治校"之理论。坚定"正直无私,廉洁奉公,关心群众,艰苦奋斗"之质根。

嘘唏,培养强强。以身作则,拒绝骄人架势;深入基层,未曾离落调场。棒棒的,更无愧,哲学明师,地质高堂也。

十八春秋坦壮,献身教育、虚心学习、积极探求、奋勇革新、无私奉献,终于造就北京地质学院之辉煌。

其后钦,又肩担重托,踏动荡之途,赴武汉龙华之地,再开地质人学之初萌,得今日之强昂。

正是:"以民为本,万物随赢自化;以国正治,千年必会荣昌。"真高人也!德高望重必不孤,乃立地之脊梁!

作者简介

王思源,男,汉族,山东人,1942年7月出生,中共党员,1969年从北京地质学院矿产系毕业后一直在本校从事矿产地质勘查专业教学与科研工作,教授,2002年从资源学院退休。

高山仰止——怀念高元贵院长

程关林

茫茫齐鲁地，
滚滚起风雷；
坚信星火可燎原，
贵子奋勇显神威。
赫赫"一二·九"，
抗战先锋队；
学联书生显本色，
投身民运真豪迈。

矿业大开发，
地院稳掌舵；
艰苦朴素传校训，
求真务实容山海。

疾风知劲草，
磐石岂可摧；
践行高教六十条，
呕心沥血育英才。

任凭风浪起，
稳坐钓鱼台；
尊师重教护学子，
闲庭信步击浪来。

顾问天下事，
关爱下一代；

关注改革开放潮，
昂首步入新时代。
天下地大人，
　思君梦几回；
耿耿丹心老夫子，
巍巍境界树丰碑。

2022.11.15 于乌鲁木齐

 作者简介

　　程关林，男，江苏吴江人，汉族，中共党员，1947年1月生。1964年8月从盛泽中学考入北京地质学院勘探系金属非金属专业，毕业后长期在青海、新疆从事石油物探技术、经济管理工作，2007年退休。

怀念高元贵院长

梁定益

高元贵院长教学思想赞

高老夫子有虎威,冀南日寇胆魂飞。
北京地院有福气,抗战英雄众望归。
理论学习当表率,教授治学大发挥。
现场教学临一线,深入基层知细微。
地质摇篮周口店,攀爬绝壁后生追。
地层构造与岩石,现场教学破常规。
太平山下煤矿洞,赛过课堂纸千堆。
高老夫子吹号角,地质教育响春雷。

高院长讲哲学

一九五八年春天,新任院长到地院,
德高望重高元贵,北京地院谱新篇。
北京地院大讲堂,请来英明高院长,
空前启后讲哲学,联系实际好榜样。
运用辩证唯物法,识别"白马与非马"。
"一分为二"看问题,"全国大跃进"再评价。
地质工作遍大地,地质测量与地理,
野外实践出真知,理论实际相联系。
理论要联系实际,教学实践出真理;
唯心唯物需分辨,院长教导要牢记。

自左至右:梁定益 、聂泽同、高元贵、郭铁鹰

 作者简介

梁定益,男,教授,中共党员。1954年考入北京地质学院普查系,1959年毕业,留校任教,1997年1月从中国地质大学(武汉)地学院退休。

纪念高元贵院长诗词三首并序

邢新田

癸卯有幸入北京地质学院探矿工程系学习,受益于高元贵院长推行的用哲学思想指导专业建设和发展,鼓励学习与科研相结合,强调二基(基本理论、基本知识、基本技能)学习和二习(室内实习和野外实习)实践。用《实践论》和《矛盾论》指导专业学习,受到系和学院重视和鼓励。在纪念高院长逝世30周年之际,谨撰诗词三首,诚表对高院长的敬意和怀念。

七律一

缅怀夫子韵悠悠,屹立丰碑青史留。
系列教材名业界,兼容素质誉神州。
北京老校辉煌铸,武汉新区伟绩谋。
高尚品行传四海,功崇德钜永吟讴。

七律二

献身高教著雄篇,帷幄运筹担铁肩。
赤胆腾飞京地院,丹心塑造汉新天。
"三基"训练强基础,"两习"推行重习研。
南北荣膺双一类,奔驰快马再加鞭。

水调歌头

领头"一二·九",抗战鲁西边。恰逢天命,地质高教引航船。抓住"三基""两习",挤进国家重点,两论悟机弦。辉煌遇风雨,大厦欲南迁。

江城美,东湖秀,望山妍。辛勤选址,南国重建杏花园。世界一流专业,华夏一流高校,登极上峰巅。校庆雷声动,拊掌敬先贤。

 作者简介

邢新田,男,中共党员。1941年10月出生于河北冀州,1963年9月入北京地质学院探矿工程系71632班学习。2003年初在中国冶金地质总局退休。教授级高级工程师,享受国务院政府特殊津贴。

敬爱的高院长，向我们走来
——纪念敬爱的高元贵院长逝世30周年
（长篇叙事诗）

胡昌铭

敬爱的高院长，

离开我们30年了，

从1964年开始，

他就是我曾经相识的老革命！

一日为师，终生为父，

老校长温文尔雅、气宇轩昂的风采，

风流蕴藉、高瞻远瞩的才华，

如海深的父爱深藏在心里。

70年的革命生涯，

留下了您坚实的足迹，

诉说着您光辉的一生，

每一步都闪耀着金子般的光芒！

1908年3月您出生在山东邹平，

从您走进师范学校的那一刻，

就开启了革命的步伐，

走上了抛头颅、洒热血的不归路！

您出进步刊物、办夜校、组织罢工、做工运，

1928年就任共青团山东淄川矿区书记，

1936年您是"一二·九"运动中国大学学运的主要领导人，

一名光荣的共产党员。

素心若雪 杜志如山
——纪念高元贵院长

冠县、鲁西北、冀鲁豫边区，
到处都有您抗日救国的足迹，
到处都传送着"齐涛、高元贵"夫妇的美名，
到处都流传着"要抗日就找武工队，入武工队就找高元贵"的民谣！
当年的日伪把农会、武工队、高元贵称为"三大害"，
可见我们高院长当年的威望，
在鲁西北人民心中留下了深刻的记忆。
当时您任冀南区行署副主任，身兼多种职务。
解放战争时随军南下，
在人物手下任武汉物资接管处长，
25年的生死搏斗，
您迎着胜利走进了新中国！
建国初期您重任在身，
那是因为您勤政务实、才华横溢，
中南地区的工业及财经部门的书记、部长、局长、秘书长，
中央建筑部门兰州公司经理、副书记。
1958年带着一身的荣耀，
您走进了北京地质学院，
您开启了学校的新征程！
没想到啊，一位革命家、经济学家，
成为杰出的教育家、哲学家，
在同风雨共患难的18年里，
带领我们从胜利走向胜利！
办地质学校您是外行，
您发奋学习变成了内行，
以教学为中心努力提高教学质量，

是您的办学信条。
您深入教学第一线，
参加教研室教学讨论，
亲自听课、审查教材，
做到好纸铅印，课前人手一册。
您重视野外教学和生产实习，
注重教学基地的选址和建设，
亲自到周口店蹲点，
到西北河北矿山、野外队考察。
种瓜得瓜，喜得丰收，
1965年3月2日《人民日报》整版，
刊登了学校教改经验，
高元贵教学理念实现了！
德、智、体全面发展，
是您培养学生的目标，
又红又专的我们走出了校门，
成为了我国开发矿业的尖兵！
我们在洒满朝霞、夕阳的操场上生龙活虎加强锻炼，
为祖国健康工作50年，
成为地质健儿的锻炼动力，
登山攀岩选手占据了国家的半壁江山！
您是革命知识分子的楷模，
您是贯彻党的知识分子政策的模范，
与老先生交朋友、讲哲学、促膝谈心，
许多老教授举手宣誓走上了革命路！
您十分重视干部的选拔，

素心若雪 壮志如山
——纪念高元贵院长

培养一大批又红又专的学术带头人，
您十分关心青年教师的培养，
新老教师队伍建设蒸蒸而上。
教师是办好学校的根本，
质量是办学的保证，
提纲挈领纲举目张，
地院新风蔚然形成，
功夫不负有心人，
1960年，我校跻身64所全国重点学校行列，
成为北京市文教战线红旗学院，
我们的高院长开创了奇功伟业！
天有不测风云，
灾难冲击着正在向上的地院，
高院长被撤职，要求靠边站，
真金不怕火炼，
功德自在人心。
1970年底军宣队邀请高元贵参加管理工作，
1972年高元贵任院临时党委书记兼革命委员会主任。
南迁选址是面临的首要重任，
您淡忘了"文革"初期遭受的不公正待遇，
为了国家的利益毅然挑起了南迁的重担，
日以继夜呕心沥血，战斗在湖北大地京广沿线。
出以公心一身是胆，
向中央和地方陈情，
语重心长同各级领导诉求，
最后1974年批准在九省通衢的武汉建校！

1974年12月接着更名武汉地质学院，
建校迁校重中之重，
大宣传大落实"八八"电报指示，
您亲自部署亲自指挥！
在学院栉风沐雨的艰难时期，
您犹如定海神针、中流砥柱，
当年"入武工队就找高元贵"，
如今"迁校建校就找高元贵"！
当年您为新中国的建立甘洒热血，
今天您为新中国的建设呕心沥血，
地院有幸有您，
革命家政治家教育家就在眼前！
多个烈士子女的大家庭生活不易，
您一身艰苦朴素、克己奉公，
常年一件旧大衣、一身中山装，
心中怀揣着的是师生员工！
1976年春，武昌站的火车缓缓启动，
我们敬爱的高院长挥手向地院告别，
千言万语汇成一句心里话，
"敬爱的老院长保重啊，健康长寿！"
任计委地质总局顾问、地质部顾问的高元贵同志，
1993年2月21日在北京逝世，享年85岁，
劳累一辈子的老院长安息吧！
1927年出生入死的老革命啊，
才干出众、胆识过人的老英雄啊，
地大70年的辉煌您功不可没，

素心若雪 壮志如山——纪念高元贵院长

离去 30 年的您仍然是我们的老院长，
30 万的地大学子永远怀念您啊，
您永远微笑在冀鲁革命纪念馆的大厅里！
敬爱的高院长向我们走来，
您走进了两所新的地质大学，
您走上了早已熟悉已变新颜的大礼堂！

后 记

纪念是最好的感恩、是最高的褒奖、是最佳的传承、是最优的弘扬。值此高元贵院长逝世30周年,中国地质大学奋进超70年之际,出版纪念高元贵院长的文集,是极有意义的一件荣光之事。

高院长襟怀坦荡,一生为党、为祖国、为地质教育事业,捐华务实,鞠躬尽瘁。志于革命,勇于创新,敢于突破,强于运势,忠于事业,勤于学习,严于律己,乐于奉献,善于润心,臻于至善。

高院长在中国地质大学的发展过程中,是一位具有推动历史和创造历史的功勋之人、奠基之人、开拓之人。无论是京城学院路时期的北京地质学院,抑或是荆楚大地时期的湖北地质学院和武汉地质学院,都留下了无数的足迹、汗水、心血和智慧。他经历的过往,成为一个时代。他的思想、他的觉悟、他的学识、他的作风、他的为人,为学校的发展与提升奠定了基础,堪称学校的根和魂,是宝贵的精神财富,值得拥有、挖掘和弘扬。

中国地质大学(武汉)党委和行政十分重视红色基因的传承,决定把总结、传承和弘扬光大高院长优良传统和崇高精神,纳入建校七十周年庆祝活动序列。校党委书记黄晓玫同志,校长王焰新院士,亲自批示并组织校党委宣传部、学校办公室、离退休工作处、图书档案与文博部、70周年校庆工作办公室、教育研究院、校友与社会合作处和出版社等有关力量协同作战,保质保量完成文集的出版工作。

为确保高质量完成任务,组成了由原校长张锦高教授为组长的专班人马,在全校、全国、全球范围内向教职工、离退休人员、校友及社会

各界人士征集稿件。

稿件的征集,受到了各方人士的热烈欢迎和支持,大家踊跃撰稿,以笔抒怀,书写对高院长的宏阔人生、办学思想及工作作风的认识等等,决心以高院长精神写好缅怀文章,记录那一个个难忘的瞬间、那一次次刻骨铭心的感动、那一件件印象深刻的惊喜相逢、那一桩桩推心置腹的交谈。有的虽年事已高,却也坚持口述,由子女或他人代为整理;有的身患疾病,也克服病痛,坚持书写;有的为了史料的准确,不辞辛劳,多方查阅,反复考证;有的通过各种渠道联系相关人员组织稿件;有的数易其稿,字斟句酌,不断打磨,精益求精,在文稿质量上下足功夫。大地行吟诗社推出《大地行吟》第30期《纪念高元贵院长专辑——时代元勋高元贵》。"吟安一个字,捻断数茎须"。如此等等,不一而足。这种严格、严谨、严肃、严苛,令人感动,令人敬佩。整个活动扎实,有序有效。正所谓:登山千条路,同仰一月高。很显然,这也从另一个层面反映了高院长的高风亮节和在人们心中的地位。

在本文集面世之时,我们首先要感谢各方的大力支持和鼎力相助。感谢责任编辑等同志们的积极努力和辛勤付出,感谢教育研究院多名研究生积极参与。

最后,不无遗憾的是,对于高院长这座"富矿"的挖掘和提炼,由于水平和资料等条件的限制,定有不到、不足、不深之处。恳请专家学者,不吝赐教,予以批评指正、充实和丰富。